KB267958

평정의 힘은 어디에서 오는가

초역 명상록

초역 명상록

마르쿠스 아우렐리우스 지음 / 민유하 엮음

2천년 전 혼란의 한가운데서도
자신을 지켜낸 황제의 기록

리프레시

【 목 차 】

PART 4. 자연의 질서와 조화

PART 5. 운명에 대한 의연한 수용

PART 6. 인간관계와 공동체

PART 7. 죽음과 유한성

PART 10. 삶의 태도와 실천

프롤로그

한 문장이 오늘을 바꿀 수 있다

『명상록』은 방대한 체계의 철학서가 아니다. 황제가 남긴 화려한 기록도 아니다. 그것은 전쟁터의 천막 안에서, 혹은 혼란한 궁정 속에서 자신을 다잡기 위해 적어 내려간 짧은 문장들의 모음이다. 한 줄, 두 줄의 다짐 속에 한 인간이 삶과 맞서 싸운 흔적이 담겨 있다.

이 책은 그 짧은 문장들을 오늘의 언어로 다시 풀어낸 것이다. 원문을 단순히 번역하는 데 그치지 않고, 지금 우리에게 필요한 의미를 덧붙여 새롭게 숨을 불어넣었다. 그래서 '초역(抄譯)'이라 부른다. 한 줄 한 줄을 따라가다 보면, 독자는 2천 년 전 황제의 내면 기록이 오늘의 불안과 두려움, 그리고 희망과 다르지 않음을 느끼게 될 것이다.

우리는 방대한 철학을 모두 알 필요는 없다. 그러나 단 한 문장이 삶을 붙잡아줄 수는 있다. '불행은 사건이 아니라 그것에 대한 판단에서 비롯된다.' 라는 이 한 문장이 하루를 버

티게 하고, '죽음은 두려움이 아니라 자연의 이치다.' 라는 이
한 문장은 내일을 살아낼 힘이 된다.

『초역 명상록』은 바로 그 가능성에 주목한다. 거대한 철학
의 체계를 좇기보다, 일상 속에서 바로 붙잡을 수 있는 한 줄
의 지혜를 전하려는 것이다. 독자가 이 책을 통해 아우렐리
우스의 말을 자기 삶에 대입하고, 작은 실천으로 옮길 수 있
다면, 그것이 이 책의 가장 큰 의미일 것이다.

『명상록』은 왜 기록되었는가?…

마르쿠스 아우렐리우스의『명상록』은 애초에 세상에 공개하려고 쓰인 글이 아니었다. 전쟁터의 장막 속에서, 전염병이 번지는 도시에서, 그는 흔들리는 자신을 붙잡기 위해 조용히 기록했다. 황제였지만 인간으로서 느끼는 분노와 불안, 피로와 흔들림을 다스리기 위해, 그는 스스로에게 말을 걸 듯 글을 남겼다.

"이렇게 살아야 한다", "이렇게 흔들리지 말아야 한다"는 그의 문장들은 누군가에게 보이기 위해 쓰인 말이 아니라, 자신을 바로 세우기 위한 절실한 다짐이었다. 꾸밈 없는 고백이었기에 오늘을 사는 우리에게도 깊은 울림을 준다.

『명상록』은 화려한 철학서가 아니라 한 인간의 고요한 훈련 기록이다. 세상을 바꿀 수 없을 때, 그는 자신의 마음만큼은 바로 세우려 했다. 그래서 그의 기록은 시대를 넘어 지금의 우리에게도 여전히 힘을 건넨다.

PART 1
마음을 다스리는 힘

내 마음의 주인은 오직 나다

"네가 괴로운 것은 사건 때문이 아니라,

그 사건에 대한 너의 판단 때문이다."

『명상록』8장 47절

아우렐리우스는 게르만족과의 전쟁에서 패배와 배신을 거듭 경험했다. 황제의 권력조차 세상의 혼란을 막지 못했기에, 그는 세상을 통제하려 하기보다 자신의 판단을 통제하는 법을 배웠다.

"네가 괴로운 것은 사건 때문이 아니라, 그 사건에 대한 너의 판단 때문이다."

우리가 불행하다고 느낄 때, 그 원인을 흔히 외부에서 찾는다. 상사의 꾸지람, 친구의 배신, 예기치 못한 사고 같은 사건이 나를 괴롭게 만든다고 생각한다. 그러나 아우렐리우스는 사건 자체가 아니라 그 사건을 바라보는 나의 '판단'이 현실

 마음을 다스리는 힘

을 결정한다고 말한다. 같은 일을 겪어도 어떤 이는 무너지고, 어떤 이는 단단해지는 이유가 바로 여기에 있다.

외부의 사건은 변수가 많아 통제할 수 없지만, 그 사건을 해석하는 태도는 언제나 내 선택이다. 해석이 바뀌면 감정이 달라지고, 감정이 달라지면 행동이 달라진다. 결국 현실은 판단의 연속 위에 세워진다. 그러므로 내 판단을 다스리는 일은 단순한 마음의 문제가 아니라 삶 전체를 지배하는 근본적인 힘이다.

진정한 자유와 평온은 외부의 질서가 아니라 내 판단의 질서에서 비롯된다. 내가 판단의 주인이 될 때, 세상은 더 이상 나를 함부로 흔들 수 없다. 이것이 아우렐리우스가 말한 '자기 자신을 지배하는 자유'의 출발점이다.

감정은 해석하기 나름이다

"사람들은 사물에 의해 괴로워하는 것이 아니라,

그것에 대한 자신의 판단 때문에 괴로워한다."

『명상록』 8장 47

누군가의 무심한 한마디가 어떤 이에게는 가벼운 농담으로 스쳐가지만, 다른 이에게는 밤새 마음을 후벼파는 상처로 남는다. 같은 말이라도 느껴지는 감정이 다른 이유는 그 말 자체가 아니라, 그 말을 해석하는 나의 방식이 다르기 때문이다. 감정은 말이나 사건이 아니라 해석에서 시작된다.

"사람들은 사물에 의해 괴로워하는 것이 아니라, 그것에 대한 자신의 판단 때문에 괴로워한다."

아우렐리우스는 인간의 감정이 외부 자극의 단순한 결과가 아니라, 판단과 해석의 산물임을 간파했다. 실제로 심리학에서도 같은 맥락을 확인할 수 있다. 같은 상황에서도 낙

관적인 사람은 긍정적 감정을 느끼고, 비관적인 사람은 불안을 느낀다. 감정은 자극의 반응이 아니라 해석의 반응이다.

실패를 '끝'이라 생각하면 좌절이 남지만, '배움의 과정'이라 보면 도전의 의지가 살아난다. 똑같은 경험이 전혀 다른 감정을 만들어내는 것은, 사건이 아니라 그 사건에 부여한 의미가 다르기 때문이다. 이처럼 감정은 언제나 의미의 선택지 위에서 만들어진다.

중요한 것은 감정을 억누르거나 없애려 애쓰는 것이 아니다. 감정의 뿌리가 된 판단의 과정을 인식하는 일이다. 왜 내가 지금 화가 나는지, 왜 상처가 남았는지를 '감정'이 아니라 '해석'의 관점에서 바라보면, 감정은 스스로 방향을 잃는다. 감정에 끌려 다니지 않고 감정을 이해하는 순간, 우리는 이미 감정을 다스리는 위치에 선다.

불행은 내 생각 속에서 자란다

“불행은 외부가 아니라,

우리가 그것을 해석하는 방식에서 비롯된다.”

『명상록』 5장 2절

삶이 힘들다고 느껴질 때, 그 무게의 상당수는 현실이 아니라 그 현실을 바라보는 나의 생각에서 비롯된다. 아직 일어나지도 않은 걱정이 오늘을 짓누르고, 이미 지나간 일의 후회가 현재를 흐린다. 아우렐리우스는 인간의 불행이 세상에 있는 것이 아니라, 세상을 해석하는 우리의 시선 속에 있다고 보았다.

“불행은 외부가 아니라, 우리가 그것을 해석하는 방식에서 비롯된다.”

같은 사건을 두고도 누구는 절망에 빠지고, 누구는 그 안에서 배움을 얻는다. 결국 불행은 사건이 아니라 해석의 방식이 만들어낸 결과다. 시선을 바꾸면 의미가 바뀌고, 의미가 바뀌면 감정이 달라진다. 그리고 감정이 달라지면 현실이 새롭게 보인다.

불행은 마음속에 드리운 그림자와 같다. 우리가 그늘만 바라볼 때는 어둡지만, 시선을 돌려 빛을 향하면 그 그림자는 사라진다. 해석을 바꾸는 일은 외부를 바꾸는 것보다 어렵지만, 그 한 번의 전환이 삶 전체의 질서를 바꾸는 힘이 된다. 세상을 다스릴 수는 없어도, 세상을 바라보는 내 생각은 언제든 새롭게 할 수 있다.

불행은 바깥에서 자라지 않는다. 그것은 언제나 내 생각 속에서 자라고, 그 생각을 바꾸는 순간, 현실 또한 달라진다.

마음을 지키는 것이 가장 큰 전투다

"자신의 의지로 스스로를 움직이고 제지하라."

『명상록』 9장 12절

세상에서 가장 어려운 싸움은 밖에서가 아니라 안에서 일어난다. 내 마음이 요동칠 때, 어떤 무기도 나를 지켜주지 못한다. 그는 싸움의 무대가 외부가 아니라 내면에 있음을 일찍이 꿰뚫어 보았다.

"자신의 의지로 스스로를 움직이고 제지하라."

우리는 흔히 성공이나 경쟁을 통해 강해진다고 생각한다. 그러나 마음을 잃으면 모든 성취는 모래성처럼 무너진다. 외부의 적보다 더 무서운 적은 내 안의 혼란이다. 분노와 불안, 욕망과 두려움이 내 마음을 점령하면, 나는 이미 패배한 것이다.

마음을 지킨다는 것은 감정을 억누르는 일이 아니라, 혼란 속에서도 나를 잃지 않는 일이다. 누군가의 말이 나를 흔들더라도, 내가 중심을 붙잡으면 그 말은 더 이상 나를 지배하지 못한다. 환경이 혼란스러워도 내 마음이 흔들리지 않으면, 나는 여전히 자유롭다.

진짜 전투는 세상이 아니라, 흔들리는 나 자신과의 싸움이다. 마음을 지킨 자만이 진정한 승리자다. 현대 사회에서 마음을 지킨다는 것은 더 큰 의미를 가진다. 수많은 정보와 비교 속에서 흔들리지 않는 것, 불필요한 경쟁에서 나를 지켜내는 것, 그것이야말로 진짜 전투다. 스스로의 마음을 지킬 수 있다면, 그 어떤 싸움에서도 이미 승리한 것이다.

화를 다스리는 자가 강자다

"남의 잘못에 분노하기보다,

그 사람을 이해하려 노력하라."

『명상록』 11권 18절

이 구절은 아우렐리우스가 전쟁 중 장수들의 실수와 불순종을 겪으며 기록한 것으로 알려져 있다. 황제였던 그에게 분노는 즉각적인 선택이 될 수 있었지만, 그는 스스로를 다스리는 쪽을 택했다.

"남의 잘못에 분노하기보다, 그 사람을 이해하려 노력하라."

그는 분노를 단순한 감정이 아니라 통제할 수 있는 의지의 영역으로 보았다. 분노는 가장 빠르지만 가장 파괴적인 반응이다. 상대를 제압하기 전에 먼저 나를 무너뜨린다. 그러나 화를 다스릴 수 있는 사람은 감정에 휘둘리지 않고, 상황을 주도하는 사람이다.

　권력을 가진 이는 화를 쉽게 드러낼 수 있지만, 아우렐리우스는 오히려 분노를 다스림으로써 권력을 다스렸다. 그것은 약자의 인내가 아니라 강자의 절제였다. 화를 억누르는 것은 감정을 숨기는 일이 아니라, 그 감정을 다스릴 수 있는 힘을 기르는 일이다.

　상대의 무지나 한계를 이해하려는 순간, 분노는 점차 사라지고 마음에는 연민이 자란다. 진정한 강자는 싸움에서 이기는 사람이 아니라, 자기 안의 불을 스스로 통제할 줄 아는 사람이다. 그가 말한 강함은 근육이 아니라 마음의 훈련에서 비롯된다.

분노는 나를 먼저 파괴한다

"분노는 남을 상하게 하기전에 먼저 자신을 해친다."

『명상록』 11장 18절

분노는 순간적으로 터져 나오지만, 가장 먼저 다치는 쪽은 늘 나 자신이다. 불길이 번지듯 내 안의 평온을 태우고, 생각의 질서를 무너뜨린다. 아우렐리우스는 이 단순한 진실을 날카롭게 꿰뚫어 보았다.

"분노는 남을 상하게 하기전에 먼저 자신을 해친다."

분노는 겉으로는 강렬해 보이지만, 그 실체는 마음을 갉아 먹는 독이다. 상대를 무너뜨리는 것처럼 느껴질 뿐, 실은 스스로를 소진시키는 과정이다. 화를 낼수록 마음은 불안정해지고, 사소한 일에도 쉽게 무너진다. 분노는 외부를 향한 공격이 아니라, 내면을 향한 자해에 가깝다.

분노의 불길은 상대를 향해 던져진 듯 보이지만, 먼저 나의 평정을 불태운다. 그래서 아우렐리우스는 화를 다스리는 것이 곧 자신을 지키는 일이라 했다. 진정한 힘은 분노를 억누르는 데 있지 않다. 그것을 인식하고 흘려보내는 능력, 바로 그 자각이 내면의 자유를 만든다.

분노를 다스린다는 것은 감정을 억압하는 것이 아니라, 그 감정이 나를 지배하지 못하게 하는 것이다. 내면의 불길을 잠재울 수 있을 때 비로소 마음은 고요해지고, 그 고요함 속에서 진짜 강함이 자란다.

잡념은 의지를 약화시킨다

"더는 '스스로를 산만하게' 하지 마라."

『명상록』 2장 2절

아우렐리우스는 자신에게 이렇게 다그쳤다. 해야 할 일을 앞에 두고도 마음이 이리저리 흔들리고 머릿속은 복잡해졌지만, 정작 손에 잡히는 건 없는 경우가 있었다.

"더는 '스스로를 산만하게' 하지 마라."

한 번에 두 길을 걸을 수는 없다. 마음이 나뉘면 의지는 약해지고, 노력은 분산된다. 진정한 집중은 더 많은 일을 하려는 욕심이 아니라, 불필요한 생각을 덜어내는 데서 시작된다. 잡념은 마음을 흐리게 만드는 먼지와 같다. 그것이 쌓이면 의지의 불빛은 희미해지고, 방향을 잃는다. 그러나 마음을 가볍게 털어내면 흐릿하던 길이 선명해진다.

해야 할 일에 시선을 모을 때, 에너지는 한 곳으로 모이고, 그 안에서 단단한 힘이 자란다. 결국 집중이란 억지로 몰입하는 것이 아니라, 마음속의 소음을 걷어내고 본래의 목적에 다시 닿는 일이다.

사소한 일에도 흔들리지 말라

“무슨 일로 괴로워지는가?

자연의 섭리를 잊었기 때문이다.”

『명상록』 12장 26절

아우렐리우스는 황제로서 제국 곳곳에서 몰려오는 사소한 보고와 다툼에 매일 시달렸다. 작은 문제에 지나치게 휘둘릴 때, 큰 결정을 내릴 힘조차 잃는다는 것을 그는 깨달았다. 그래서 작은 일에 영혼을 빼앗기지 말라고 자신에게 끊임없이 다짐했다.

“무슨 일로 괴로워지는가? 자연의 섭리를 잊었기 때문이다.”

작은 말 한마디, 작은 사건 하나에 마음이 크게 흔들릴 때가 있다. 그러나 그때마다 우리는 큰일을 감당할 힘을 잃는다. 사소한 것에 지나치게 반응하는 습관은 결국 내 영혼을 약하게 만든다. 아우렐리우스는 황제라는 자리에서도 이 진리를 잊지 않았다. 작은 일은 작게 보고, 큰 일에 마음을 남겨두어야 한다.

오늘날에도 마찬가지다. 작은 실수, 사소한 불편, 타인의 짧은 시선에 흔들리면 내 삶은 늘 소란스럽다. 반대로 작은 일에 담담해질 수 있다면, 더 큰 문제 앞에서도 평정을 유지할 수 있다. 작은 일에 요동하지 않는 마음이 큰 삶을 가능하게 한다.

현명한 이는 스스로를 통제한다

"의견을 낳는 능(能·헤게모니콘)을 공경하라.

그것이 성급한 판단에서 '자유'를 준다."

『명상록』 3장 9절

아우렐리우스는 인간의 덕 가운데 가장 먼저 '자기 통제'를 강조했다. 현명한 사람은 남보다 앞서 자신을 다스린다. 욕망과 분노를 제어하지 못하면 어떤 지혜도 헛되다. 그는 모든 덕의 뿌리가 마음의 질서에 있음을 알고 있었다. 마음의 지배권을 잃는 순간, 인간은 외부의 노예가 된다.

"의견을 낳는 능(能·헤게모니콘)을 공경하라. 그것이 성급한 판단에서 '자유'를 준다."

스스로를 다스리는 힘은 모든 덕의 출발점이자, 인간에게 주어진 가장 어려운 과제다. 감정은 언제나 예고 없이 찾아오고, 충동은 이성을 시험한다. 그러나 현명한 이는 그 흐름에 휩쓸리지 않는다. 그는 자신을 조절함으로써 삶의 방향을 잃지 않고, 마음의 중심을 지킨다. 자기 조절은 억압이 아니다. 그것은 혼란 속에서도 나아갈 길을 보여주는 나침반이며, 자유로 향하는 통로다. 외부의 통제가 사라진다고 자유가 오는 것은 아니다.

진정한 자유는 내 마음의 주도권을 되찾을 때 완성된다. 스스로를 다스릴 수 있는 사람은 어떤 상황에서도 흔들리지 않는다. 그는 세상의 변화보다 자신을 먼저 통제함으로써 평정과 품위를 잃지 않는다. 결국 마음의 질서를 세우는 일이야말로 가장 위대한 통치이자, 자유로운 삶의 조건이다.

마음의 평정이 최고의 덕이다

"평정한 마음은 영혼의 가장 완전한 상태이며,

그것이 덕의 완성이다."

『명상록』 4장 3절

아우렐리우스는 국경에서 게르만족과의 전쟁을 지휘하던 중, 하루에도 수차례 불안한 소식을 접해야 했다. 그때마다 그는 외부의 혼란을 잠재우기보다, 자신의 내면을 다스리는 데 집중했다.

"평정한 마음은 영혼의 가장 완전한 상태이며, 그것이 덕의 완성이다."

세상은 늘 소란스럽다. 그 속에서 마음의 평정을 잃지 않는 것이야 말로 최고의 덕목이다. 평정은 단순히 감정을 억누르는 것이 아니라, 상황을 있는 그대로 받아들이는 힘이다. 외부가 요동칠수록 내 마음의 중심을 지키는 것이 중요

 마음을 다스리는 힘

하다. 그 중심이 흔들리지 않을 때, 나는 세상 속에서도 무
너지지 않는다.

아우렐리우스가 말한 '평정'은 고대 로마 황제의 자리에
서든, 오늘을 살아가는 우리에게든 여전히 변치 않는 덕목
이다.

기쁨은 외부가 아니라 내 안에 있다

"행복은 외부의 사물에 달린 것이 아니라,

우리 영혼의 상태에 달려 있다."

『명상록』 6장 41절

사람들은 종종 행복을 외부에서 찾는다. 새로운 물건을 얻거나, 타인의 칭찬을 받을 때만 기쁨을 느낀다. 그러나 그러한 기쁨은 오래가지 않는다. 외부의 조건이 변하는 순간, 마음의 평온도 함께 무너진다. 아우렐리우스는 오래전부터 이 단순하지만 깊은 진실을 알고 있었다.

"행복은 외부의 사물에 달린 것이 아니라, 우리 영혼의 상태에 달려 있다."

외부의 환경은 언제든 달라질 수 있다. 재물은 잃을 수 있고, 명예는 사라질 수 있으며, 사람의 평가는 하루아침에 뒤집히기도 한다. 그러나 마음이 평온한 사람은 어떤 상황 속에서도 기쁨을 잃지 않는다. 그는 세상의 변덕에 흔들리지 않고, 내면의 질서 속에서 안정과 충만을 찾는다.

진정한 행복은 조건이 아니라 태도에서 비롯된다. 그것은 더 많은 것을 얻는 데서 생기지 않고, 이미 가진 것에 감사할 때 자라난다. 기쁨은 외부의 보상이 아니라 스스로 깨어 있는 마음이 만들어내는 상태다. 그렇기에 누구도 그것을 빼앗을 수 없다. 외부의 풍요가 사라져도, 자신의 내면이 고요하다면 그 사람은 여전히 충만하다. 기쁨은 언제나 내 안에 있고, 그것을 발견하는 순간 우리는 이미 충분히 행복하다.

참된 기쁨은 내 안에서 솟는다

"네 안을 들여다보라.

그 안에 선(善)의 샘이 있다."

『명상록』 7장 59절

많은 이들이 행복을 외부의 성취에서 찾는다. 좋은 결과, 타인의 인정, 소유의 만족이 있어야만 기쁨을 느낀다고 생각한다. 그러나 그런 기쁨은 오래가지 않는다. 아우렐리우스는 기쁨을 멀리서 구하지 않았다. 그는 이미 자신의 내면에 선(善)의 샘, 즉 끊임없이 솟아나는 평온의 근원이 있음을 알았다.

"네 안을 들여다보라. 그 안에 선(善)의 샘이 있다."

외부의 조건은 언제든 변할 수 있지만 내 안에서 솟는 기쁨은 어떤 변동에도 흔들리지 않는다. 그것은 외부의 보상이 아니라 영혼의 습관, 즉 마음을 돌보는 태도에서 비롯된다.

참된 기쁨은 바깥에서 흘러오는 선물이 아니라, 스스로 길러내는 내면의 샘물이다. 내가 가진 것을 감사히 받아들이고, 지금의 삶을 긍정할 때 그 샘은 더욱 맑게 흐른다. 남의 시선보다 내 마음의 평화를 중시할 때, 그 기쁨은 조용하지만 오래 남는다.

현대 사회는 끊임없이 더 많은 것을 요구하지만, 기쁨은 이미 우리 안에 있다. 그 사실을 '깨닫고 실천'할 때 삶은 훨씬 가벼워진다. 아우렐리우스가 황제의 자리에서도 이 진리를 되새긴 이유는 분명하다. 외부의 화려함은 덧없지만, 내면의 샘에서 솟는 기쁨은 영혼을 지탱하는 힘이기 때문이다.

욕망의 불꽃을 잠재우라

"밖의 것에 가치를 두면 넌 그것들의 노예가 된다."

『명상록』 6장 16절

로마 제국의 황제로 살던 아우렐리우스에게는 원하는 것을 손에 넣을 수 있는 힘이 있었다. 그러나 권력이 커질수록 갖고자 하는 마음, 즉 욕망도 함께 커졌다. 그는 이를 경계했다. 황제라 해도 욕망에 지배당하면 결국 자유를 잃기 때문이다. 그래서 그는 끊임없이 스스로를 단속하며 욕망의 불꽃을 잠재우려 했다.

"밖의 것에 가치를 두면 넌 그것들의 노예가 된다."

욕망은 불처럼 타오른다. 하나를 채우면 다른 하나가 곧바로 나타나고, 끝없는 갈증은 영혼을 지치게 만든다. 아우렐리우스는 욕망을 억누르려 하지 않았고 그것을 똑바로 바라보며, 불길이 나를 태우지 않도록 거리두는 법을 배웠다.

만족을 아는 순간 욕망은 힘을 잃는다. 지금 가진 것에 감사하는 태도는 욕망의 불을 잠재우는 가장 단순하면서도 확실한 방법이다. 현대를 사는 우리에게도 이 진리는 여전히 유효하다. 소비와 경쟁이 끝없이 부추겨지는 시대일수록, 욕망을 다스리는 일은 곧 마음의 자유를 지키는 일이다.

허영심은 영혼을 병들게 한다

"허영은 영혼의 질병이며,

그것은 영혼을 약하게 만든다."

『명상록』 6장 30절

남보다 잘 보이려는 마음, 허영심은 겉으로는 화려하지만 속을 병들게 한다. 타인의 시선에 자신을 맞추는 순간, 나는 나를 잃는다. 아우렐리우스는 이 허영을 영혼의 병이라 불렀다. 겉은 빛나도 속은 서서히 무너지는 병이라고 했다.

"허영은 영혼의 질병이며, 그것은 영혼을 약하게 만든다."

허영심은 타인의 눈을 의식할수록 깊어지는 덫이다. 칭찬에 들뜨고 비난에 무너지는 이유는 내 삶의 기준을 남에게 내어주었기 때문이다. 허영은 빛나는 가면을 씌우지만, 그 속에서 진짜 나의 얼굴은 희미해진다.

진정한 강함은 남이 어떻게 보는가가 아니라, 내가 어떤 마음으로 사는가에 달려 있다. 타인의 평가가 아닌 스스로의 본질에 집중할 때 영혼은 단단해진다. 아우렐리우스가 경계한 것은 화려함이 아니라, 그 화려함에 자신을 잃는 마음이었다. 허영을 버릴 때 비로소 영혼은 건강을 되찾는다.

내면의 목소리를 따르라

"네 영혼 속의 신적 본성을 들어라.

그곳에 진리가 살고 있다."

『명상록』 5장 27절

사람들은 흔히 타인의 목소리에 더 귀 기울인다. 남의 평가와 시선 속에서 자신을 잃어버린다. 그는 세상의 소음보다 더 깊은 곳에서 들려오는 목소리를 들으라 했다. 그것이 진리의 자리라고.

"네 영혼 속의 신적 본성을 들어라. 그곳에 진리가 살고 있다."

외부의 평가와 기대는 늘 크게 들리지만, 결국 나를 가장 잘 아는 목소리는 내 안에 있다. 남의 시선에 매여 흔들릴 때 삶은 불안정해진다. 그러나 내면의 목소리에 귀 기울이면 방향은 분명해지고, 마음은 자유로워진다.

　진정한 길잡이는 바깥의 소리가 아니라, 마음속에서 조용히 울리는 미세한 울림이다. 그것이 흔들리지 않는 삶의 힘이다.

자기 성찰은 영혼의 거울이다

"모든 일을 '이성의 훈련'으로 삼아 자기 안으로 소화하라."

『명상록』 10장 31절

아우렐리우스는 전쟁터의 막사에서 하루 일과를 마치면, 반드시 자신을 돌아보는 시간을 가졌다. 황제라 해도 실수를 피할 수 없었고, 권력의 달콤함에 취하면 금세 타락할 수 있다는 것을 알았기 때문이다. 그의 기록은 거대한 제국을 다스리던 황제의 고독한 성찰의 흔적이기도 하다.

"모든 일을 '이성의 훈련'으로 삼아 자기 안으로 소화하라."

성찰은 영혼의 거울이다. 내가 무엇을 잘했는지, 어디서 흔들렸는지를 비춰보는 순간, 나는 다시 바로 설 수 있다. 성찰 없는 삶은 방치된 정원과 같다. 잡초가 무성해지고, 결국 스스로를 잃어버린다.

아우렐리우스는 매일 자신을 점검하며 "오늘 나는 올바르게 살았는가?"를 물었다. 이는 단순한 자기비판이 아니라, 더 나은 나를 향한 훈련이었다. 오늘을 성찰하지 않는 사람은 내일을 바꿀 수 없다. 우리 역시 하루를 마치며 잠시 멈춰서서 거울을 들여다봐야 한다. 성찰은 나를 고치려는 채찍이 아니라, 내 영혼을 바로 세우는 등불이다.

PART 2
불안과 두려움을 넘어

불안은 상상력의 그림자다

"사람들은 실제 고통보다,

고통을 예상하는 생각으로 더 괴로워한다."

『명상록』 8장 47절

불안은 언제나 현실보다 크게 부풀려진다. 눈앞의 위협보다 머릿속의 상상이 더 두렵다. 아우렐리우스는 인간의 고통이 현실이 아닌 상상 속에서 자라난다는 사실을 일찍이 간파했다.

"사람들은 실제 고통보다, 고통을 예상하는 생각으로 더 괴로워한다."

현대 심리학도 이 말을 증명한다. 뇌는 상상한 위험을 실제 위험과 거의 구분하지 못한다. 상상 속 위협을 떠올리는 순간, 몸은 진짜 공포에 맞설 때처럼 반응한다. 상상이 불안을 현실처럼 느끼게 만들고, 그 불안은 다시 상상을 자극한다. 이렇게 만들어진 고리는 현실보다 훨씬 강한 두려움을 낳는다.

불안은 상상력의 그림자다. 그림자는 실체보다 크고 일그러져 보이지만, 실제로는 해를 끼치지 않는다. 그러나 우리는 그 그림자를 실체로 착각하며 스스로를 괴롭힌다. 현실의 문제는 해결이 가능하지만, 상상의 문제는 끝없이 증식한다. 불안을 줄이는 첫걸음은 현실과 상상의 경계를 구분하는 일이다.

의식의 빛을 비추면 그림자는 작아진다. 지금 여기에 집중하면, 머릿속에서 커지던 상상의 공포는 힘을 잃는다. 불안은 어둠 속에서만 존재한다. 그러나 내가 인식의 불을 켜는 순간, 그 그림자는 더 이상 나를 지배하지 못한다.

두려움은 미래의 허상이다

"미래는 아직 오지 않았다.

그대가 두려워하는 것은 존재하지 않는 것의 그림자다."

『명상록』 8장 36절

아우렐리우스가 이 구절을 기록한 시기는 안토니누스 역병이 제국 전역에 퍼지고 있던 때였다. 황제조차 내일이 어떻게 될지 알 수 없는 상황에서, 그는 미래에 짓눌리지 않으려 자신을 다독였다.

"미래는 아직 오지 않았다. 그대가 두려워하는 것은 존재하지 않는 것의 그림자다."

두려움은 대개 아직 일어나지 않은 일에 대한 상상에서 시작된다. 사람들은 다가올 실패, 닥치지 않은 위험을 미리 걱정하며 오늘의 평온을 잃는다. 그러나 미래는 아직 존재하지 않는다. 지금 이 순간만이 실제다. 미래를 두려워하는 것은 없는 유령과 싸우는 것과 같다.

아우렐리우스는 역병과 전쟁 속에서 이 사실을 잊지 않았다. 내일을 두려워하는 대신 오늘 내가 할 수 있는 일을 묵묵히 행하는 것, 그것이 두려움을 극복하는 길이었다.

우리 삶에서도 두려움은 대부분 머릿속 허상이다. 일을 시작하기도 전에 '망하면 어떡하지?'라는 생각에 주저앉는다. 그러나 두려움은 실재하지 않는다. 내가 붙잡을 수 있는 것은 언제나 현재다. 지금 해야 할 일을 하면, 미래의 허상은 힘을 잃는다.

공포는 마음의 허약함에서 나온다

"공포는 실체가 아닌, 마음의 나약함에서 생긴다."

『명상록』 12장 22절

아우렐리우스는 전쟁터에서 수많은 병사들이 전투 전에 이미 두려움에 지는 것을 보았다. 칼날보다 무서운 것은 그들의 마음속 공포였다.

"공포는 실체가 아닌, 마음의 나약함에서 생긴다."

공포는 외부에서 다가오는 것이 아니다. 마음이 약할 때, 같은 상황도 훨씬 더 크게 느껴진다. 공포를 없애려면 먼저 마음을 단단히 해야 한다. 사건을 있는 그대로 바라보면, 공포는 실제보다 훨씬 작아진다.

고통은 견디지만 두려움은 극복해야 한다

"고통은 인내로, 두려움은 이성으로 다스리라."

『명상록』 7장 33절

고통은 삶의 일부다. 피할 수는 없지만 견딜 수는 있다. 그러나 두려움은 다르다. 그는 두려움을 견디는 것이 아니라 극복해야 하는것이라 말했다.

"고통은 인내로, 두려움은 이성으로 다스리라."

고통은 시간이 지나면 자연스럽게 약해지기도 한다. 그러나 두려움은 내 마음을 마비시켜 앞으로 나아가지 못하게 한다. 고통은 인내의 덕으로 감당하고, 두려움은 용기로 극복해야 한다. 삶에서 우리는 고통과 두려움을 모두 만난다. 고통을 두려워하지 않고 견디는 힘, 그리고 두려움을 넘어서 행동하는 용기. 두 가지가 함께할 때 우리는 비로소 자유로워진다.

용기는 두려움의 반대가 아니다

"용기는 두려움을 없애는 것이 아니라, 통제하는 것이다."

『명상록』7장 47절

아우렐리우스는 전쟁터에서 늘 병사들의 두려움을 목격했다. 두려움 없는 병사는 없었다. 어떤 병사는 두려움에 무너졌고, 어떤 병사는 그 두려움 속에서도 움직였다. 그는 바로 거기서 용기의 본질을 깨달았다.

"용기는 두려움을 없애는 것이 아니라, 통제하는 것이다."

우리는 흔히 용기를 두려움이 전혀 없는 상태로 생각한다. 하지만 두려움이 없는 사람은 없다. 용기란 두려움이 있어도 그것을 인정하고, 그럼에도 불구하고 행동하는 힘이다. 두려움은 인간적인 것이고, 용기는 그 인간다움을 다스리는 지혜다.

아우렐리우스는 병사들에게 두려움을 부정하지 말고, 오히려 그것을 직시하라고 했다. 두려움은 도망칠 대상이 아니라 길잡이가 될 수도 있기 때문이다. 두려움이 있다는 것은 아직 살아 있고, 소중한 것을 지키려 한다는 증거다. 그것을 이해할 때, 두려움은 더 이상 나를 가두지 못한다.

용기는 두려움의 반대가 아니라, 두려움을 넘어서는 힘이다. 그래서 진정한 용기는 두려움 없는 자가 아니라, 두려움을 이겨낸 자에게 있다.

두려움 없는 삶은 더 자유롭다

"자유는 타인의 칭찬에도 두려움에도 얽매이지 않는 것이다."

『명상록』 6장 16절

두려움은 삶을 옭아매는 가장 강한 사슬이다. 사슬을 끊어 낼 때, 비로소 우리는 자유를 누릴 수 있다. 그는 진정한 자유가 외부의 해방이 아니라, 내면의 두려움으로부터의 해방임을 꿰뚫어 보았다.

"자유는 타인의 칭찬에도 두려움에도 얽매이지 않는 것이다."

두려움은 우리를 움츠리게 하고, 아직 일어나지 않은 일 앞에서 스스로를 가둔다. 진정한 자유는 위험이 사라진 세상에서 오는 것이 아니라, 두려움을 마주할 용기에서 비롯된다. 자유롭게 살고 싶다면 먼저 마음속의 두려움부터 내려놓아야 한다.

위기는 내면의 힘을 드러낸다

"시련이 닥칠 때, 영혼의 힘이 드러난다."

『명상록』 10장 3절

아우렐리우스는 재위 기간 내내 위기와 마주해야 했다. 국경에서의 끊임없는 전쟁, 제국을 휩쓴 역병, 내부의 배신과 음모. 그러나 그는 무너지는 대신, 그 속에서 내면의 힘을 드러냈다. 그의 기록은 고난 속에서 더욱 단단해진 영혼의 증거였다.

"시련이 닥칠 때, 영혼의 힘이 드러난다."

평온할 때는 누구나 흔들림 없이 보인다. 진짜 힘은 위기 속에서 드러난다. 어려움이 찾아올 때, 우리는 스스로도 몰랐던 내면의 힘을 발견한다. 고난은 나를 무너뜨리는 것이 아니라, 내 안의 힘을 시험하는 과정이다.

아우렐리우스는 위기 속에서도 흔들리지 않으려 애썼다. 외부의 혼란은 막을 수 없지만, 내 영혼의 힘은 오히려 위기 속에서 성장할 수 있음을 알았기 때문이다. 우리의 삶에서도 위기는 불청객이지만, 그것이야말로 진짜 나를 드러내는 무대다.

불안은 나를 성장시킬 수 있다

"괴로움은 영혼을 연마한다."

『명상록』 10장 8절

불안은 언제나 부정적인 것으로만 여겨지지만 불안이 없었다면 우리는 성장할 기회도 잃었을 것이다. 아우렐리우스는 괴로움을 이렇게 표현했다.

"괴로움은 영혼을 연마한다."

불안은 나를 괴롭히지만, 그 안에는 성장의 가능성이 숨어 있다. 중요한 일을 앞두고 불안한 것은 그만큼 그것이 내게 의미 있다는 증거다. 불안이 없다면 도전도 없다. 불안을 통해 우리는 더 단단해지고, 더 넓은 삶을 향해 나아갈 수 있다. 불안을 거부할 것이 아니라 활용해야 한다. 불안을 마주하고 그것을 배움의 계기로 삼는 사람은 결국 더 크게 성장한다.

불확실성 속에서도 마음을 다잡아라

"밖의 일은 늘 불확실하지만,

자기 마음을 곧게 세우면 그것으로 충분하다."

『명상록』 6장 48절

아우렐리우스가 제위에 있던 시기는 끊임없는 불확실성의 연속이었다. 북쪽 국경에서는 전쟁이 일어나고, 남쪽에서는 반란이 잇달았다. 제국 전체를 뒤흔든 역병까지 겹쳐 미래는 전혀 예측할 수 없었다. 황제로서 그는 늘 불확실성 속에 서 있었다.

"밖의 일은 늘 불확실하지만, 자기 마음을 곧게 세우면 그것으로 충분하다."

불확실성은 삶의 본질이다. 확실한 것을 붙잡으려 할수록 우리는 더 불안해진다. 그는 세상의 변화를 통제하려 하지 않았다. 오히려 그 안에서 자신의 마음을 다잡으려 했다. 바람이 거세질수록 나무가 뿌리를 깊이 내리듯, 그는 흔들리는 세상 속에서도 마음의 중심을 세우는 법을 배웠다.

마음은 종종 바람에 흔들리는 갈대처럼 요동친다. 작은 말 한마디에도 흔들리고, 작은 실패에도 무너진다. 불확실한 세상에서 중요한 것은 흔들림을 없애려는 것이 아니라, 그 안에서 중심을 세우는 일이다. 할 수 없는 일에 매달리면 마음은 불안에 갇히고, 할 수 있는 일부터 시작하면 방향을 찾는다. 몸을 움직이고, 지금 주어진 일에 집중하는 순간 마음은 다시 제자리를 찾는다.

마음을 붙잡는 확실한 방법은 자기 안의 목소리에 귀 기울이는 것이다. 마음은 고요할 때 강해진다. 바람을 막으려 애쓰기보다, 중심을 세울 때 흔들림은 멈춘다.

불확실성을 없애려 애쓰지 말라. 그 속에서 마음을 다잡는 것이 진짜 지혜다. 흔들리는 마음은 약함이 아니라 인간다움의 증거다. 그러나 그 마음을 다시 바로 세울 수 있을 때, 우리는 어떤 상황에서도 무너지지 않는다.

희망과 불안은 같은 뿌리에서 나온다

"희망과 두려움은 오지 않은 것에 마음을 두기 때문이다."

『명상록』 2장 13절

희망은 미래를 바라보는 마음이고, 불안도 미래를 바라보는 마음이다. 둘은 다른 감정처럼 보이지만 같은 뿌리에서 자라난다. 아우렐리우스는 이렇게 적어 두었다

"희망과 두려움은 오지 않은 것에 마음을 두기 때문이다."

희망은 불안을 낳고, 불안은 다시 희망을 불러온다. 두 감정은 모두 다가오지 않은 미래에 마음을 두는 데서 생겨난다. 아직 오지 않은 일을 붙잡을수록 현재의 평온은 멀어진다. 그러니 마음을 미래에 빼앗기지 말고, 지금 이 순간의 삶을 충실히 살아가라. 거기에 진짜 평안이 있다.

평정은 불안의 해독제다

"영혼이 평정할 때, 어떤 외적 혼란도 그를 해치지 못한다."

『명상록』4장 49절

불안은 누구에게나 찾아온다. 미래가 불확실할수록, 관계가 흔들릴수록 불안은 커진다. 그는 불안이 사라지는 것보다, 평정이 자리 잡는 것을 더 중요하게 여겼다.

"영혼이 평정할 때, 어떤 외적 혼란도 그를 해치지 못한다."

불안을 없애려 애쓸수록 오히려 불안은 커진다. 그러나 평정 속에서는 불안이 설 자리를 잃는다. 평정은 마음을 억누르는 것이 아니라, 불안을 있는 그대로 바라보는 힘이다. 불안을 지우려 하지 않고, 그것이 있음을 인정하는 순간 마음은 한층 차분해진다.

불안은 사라지지 않는다. 억누를수록 커지고, 피할수록 집요해진다. 평정은 불안을 없애는 약이 아니라, 그것을 관찰하는 눈에서 비롯된다. 불안을 억제하려 하지 말고, 그 감정이 전하려는 신호를 알아차려야 한다. 차분히 바라볼 때 우리는 불안의 근원을 알게 되고, 감정은 서서히 힘을 잃는다. 불안은 물결처럼 밀려오지만, 마음을 지켜보는 사람은 그 물결에 휩쓸리지 않는다.

평정은 불안의 부재가 아니라, 불안을 꿰뚫어보는 통찰이다. 불안을 밀어내지 않고 받아들이는 순간, 그것은 더 이상 나를 지배하지 못한다. 평정은 불안을 억제하는 약이 아니라, 그 독을 서서히 녹여내는 빛이다. 불안이 완전히 사라지지 않아도 괜찮다. 평정이 자리를 잡으면, 불안은 나의 일부로 흡수되어 더 이상 나를 흔들지 못한다. 그것이야말로 삶을 단단하게 지탱하는 힘이다.

PART 3
타인의 시선에 흔들리지 않기

남의 시선은 바람처럼 스쳐 지나간다

"남의 시선은 바람이다. 잡으려 할수록 흔든다."

『명상록』 4장 3절

남의 시선은 바람과 같다. 잠시 스치고 지나갈 뿐, 오래 머물지 않는다. 그는 시선의 무게에 눌려 사는 인간들을 보며, 바람처럼 흘러가는 것을 붙잡으려는 어리석음을 경계했다.

"남의 시선은 바람이다. 잡으려 할수록 흔든다."

남의 시선을 붙잡으려 애쓸 필요는 없다. 그것은 바람처럼 잠시 스쳐갈 뿐, 결코 오래 머무르지 않는다. 타인의 평가를 붙잡으려 할수록 마음은 무거워지고 자유는 줄어든다. 바람을 억지로 거슬러 걷기보다 흘러가게 두라. 그 순간 마음은 한결 가벼워지고, 진짜 자신에게로 돌아갈 수 있다.

평판은 덧없다

"명성은 바람이요, 덕은 영혼의 굳은 성채다."

『명상록』 4장 3절

황제로서 아우렐리우스는 끊임없는 평판 속에 살았다. 어떤 날은 영웅이라 불렸지만, 다음 날은 폭군이라 비난받았다. 그는 결국 깨달았다. 평판은 내 힘으로 만들 수도, 통제할 수도 없는 것임을.

"명성은 바람이요, 덕은 영혼의 굳은 성채다."

남의 평가는 안개처럼 일어났다 사라진다. 오늘의 칭찬이 내일의 비난으로 바뀌고, 존경은 곧 잊힌다. 평판은 타인이 내리는 임시적 판단일 뿐이며, 그것을 좇는 사람은 바람 앞에 세운 집처럼 흔들린다. 남의 시선은 바람이고, 그 바람의 방향은 언제든 바뀐다.

아우렐리우스는 말했다. 남의 평판은 권한 밖의 일이다. 통제할 수 없는 것을 붙잡으려는 순간, 마음은 고통받는다. 그는 통제할 수 있는 단 한 가지, 즉 자기 자신과 덕을 다스리는 데 집중했다. 덕은 외부의 바람에도 무너지지 않는 내면의 성채이며, 그 위에 서 있는 사람만이 흔들림 없는 평정을 지닐 수 있다.

평판은 바람처럼 불어왔다가 사라지지만, 덕은 땅처럼 단단하다. 타인의 말에 일희일비하지 말고, 덕의 땅 위에 단단히 서라. 그곳에서 영혼은 안정을 찾고, 삶은 스스로의 중심을 되찾는다.

남의 칭찬은 덧없는 연기다

"칭찬은 연기처럼 사라지고, 덕은 흔들리지 않는다."

『명상록』 6장 30절

칭찬은 잠시 마음을 들뜨게 하지만 오래 머물지 않는다. 연기처럼 흩어지고 사라진 뒤에는 다시 공허함이 남는다. 외부의 말에 기대면 마음은 금세 흔들린다. 그는 이렇게 말했다.

"칭찬은 연기처럼 사라지고, 덕은 흔들리지 않는다."

칭찬은 달콤하지만 오래가지 않는다. 그것에 마음을 두면, 사라질 때 함께 무너진다. 남의 말에 의지해 얻은 기쁨은 바람처럼 변하기 쉽다. 외부의 칭찬이 아닌 내면의 덕을 따를 때 마음은 단단해진다. 덕은 꾸준하고 조용하며, 타인의 말이 아닌 스스로의 확신에서 자라난다. 진짜 힘은 외부가 아닌 내 안에서 나온다.

비난은 나를 바꾸지 못한다

"비난이 네 영혼을 해치지 못한다면,

그것은 아무것도 아니다."

『명상록』 4장 8절

황제로서 아우렐리우스는 늘 수많은 비난과 판단 속에 살았다. 어떤 이는 그를 철인으로 칭송했고, 또 다른 이는 냉혹한 폭군이라 불렀다. 그는 그 어떤 말도 자신의 본질을 바꿀 수 없음을 깨달았다.

"비난이 네 영혼을 해치지 못한다면, 그것은 아무것도 아니다."

남의 판단은 순간의 인상일 뿐, 나의 덕이나 본질을 결정하지 않는다. 비난이 나를 흔들 때마다 그는 자신에게 되물었다. "나는 올바르게 살고 있는가?" 비난에 휘둘리는 것은 남의 말에 내 영혼을 맡기는 일이다. 그러나 내면의 덕을 기준으로 살면, 외부의 평가는 더 이상 나를 지배하지 못한다. 중요한 것은 남이 나를 어떻게 부르는가가 아니라, 내가 어떤 선택을 하고 어떤 삶을 사는가이다.

비난은 나를 바꾸지 못한다. 그것은 단지 외부의 소리일 뿐, 나의 중심을 해치지 못한다. 나를 변화시키는 것은 타인의 말이 아니라 나의 의지와 행동이다. 내 덕을 잃지 않는 한, 어떤 비난도 내 영혼을 해치지 못한다.

진정한 평온은 타인의 평가가 잠잠해질 때 오는 것이 아니라, 그 평가 속에서도 흔들리지 않는 자신을 세울 때 찾아온다.

남의 인정에 목매지 말라

"남의 인정을 구하지 말라.

그것은 영혼을 묶는 사슬이다."

『명상록』 6장 30절

인정받고 싶은 마음은 누구에게나 있다. 그러나 그 욕망이 지나치면 영혼은 쇠사슬에 묶인다. 남의 시선이 나의 가치를 결정짓는 순간, 나는 더 이상 스스로의 주인이 아니다. 그는 인간의 불행이 타인의 인정에 자신을 내맡기는 데서 비롯된다고 보았다.

"남의 인정을 구하지 말라. 그것은 영혼을 묶는 사슬이다."

인정을 구하는 마음은 자유를 잃게 한다. 칭찬이 끊기면 불안해지고, 비난이 들리면 스스로를 잃는다. 자유로운 영혼은 외부의 박수가 아니라 자기 양심의 목소리에 귀 기울인다. 남의 평가에 흔들리지 않고 자신이 옳다고 믿는 길을 걸을 때, 비로소 진정한 평온이 찾아온다.

현대 사회는 이 인정 욕구를 끊임없이 자극한다. '좋아요' 하나, 점수 하나가 마음을 들뜨게 하고 무너뜨린다. 그러나 그 모든 것은 일시적이다. 남의 인정은 바람처럼 스쳐가지만, 자기 확신은 뿌리처럼 깊게 남는다. 그 뿌리가 단단할수록 어떤 시선에도 흔들리지 않는다.

진정한 자유는 남의 박수에서가 아니라, 조용히 자신을 승인하는 순간에 있다. 그 순간, 영혼은 쇠사슬을 끊고 홀로 선다. 그것이야말로 타인의 시선에서 벗어나 스스로의 주인이 되는 길이다.

비교는 스스로를 해치는 일이다

"타인과 자신을 비교하지 말라.
그것은 영혼을 병들게 한다."

『명상록』 6장 48절

비교는 나를 성장시키는 것 같지만, 실제로는 나를 약하게 만든다. 남보다 잘하고 못함에 집착하는 순간, 나는 나 자신을 잃는다. 그는 비교가 타인과의 싸움이 아니라, 스스로를 잃어가는 과정임을 꿰뚫어 보았다.

"타인과 자신을 비교하지 말라. 그것은 영혼을 병들게 한다."

비교는 끝이 없다. 위를 보면 좌절하고, 아래를 보면 교만해진다. 어느 쪽이든 영혼을 병들게 한다. 아우렐리우스는 비교 대신 자기 자신을 기준으로 삼으라 했다. 어제의 나보다 오늘의 내가 나아졌는지 묻는 것이 유일한 올바른 비교다.

현대 사회는 끊임없이 비교를 부추긴다. 그러나 비교의 굴레에서 벗어나야만 진정한 평온이 온다. 비교는 거울처럼 보이지만, 그 안에는 나의 왜곡된 모습만 비친다. 어제의 나를 향해 거울을 돌릴 때, 비로소 영혼은 본래의 빛을 되찾는다.

남의 눈에 맞추지 말라

"남의 눈에 맞추지 말라.

그대의 영혼은 그들의 노예가 되기 위해 태어나지 않았다."

『명상록』 6장 16절

남의 눈에 맞추려 하면 끝없는 가면을 쓰게 된다. 오늘은 이 사람, 내일은 저 사람의 기대에 맞추며, 정작 나는 사라져 버린다. 아우렐리우스는 자유란 타인의 기대를 충족시키는 데 있지 않고, 스스로의 양심에 충실한 데 있다고 말했다

"남의 눈에 맞추지 말라. 그대의 영혼은 그들의 노예가 되기 위해 태어나지 않았다."

남의 눈에 맞추려는 마음은 순간의 안도감을 주지만, 결국 내 영혼을 속인다. 모든 사람을 만족시킬 수는 없다. 아우렐리우스는 남의 시선을 거두고 자기 양심 앞에만 서려 했다.

현대 사회는 더욱 눈이 많다. 온라인 공간에서는 수많은 시선이 나를 평가한다. 그러나 그 시선에 맞추려 애쓰면 나는 나를 잃는다. 진정한 자유는 외부의 시선에서 벗어날 때가 아니라, 내면의 시선을 바로 세울 때 시작된다. 남의 눈이 아니라 나의 덕에 맞추라. 그 한 걸음이 영혼을 자유롭게 만든다.

타인의 기대는 내 삶의 기준이 아니다

"다른 이들의 기대는 너의 덕의 척도가 될 수 없다."

『명상록』 4장 3절

황제로서 아우렐리우스는 끊임없이 기대를 짊어져야 했다. 백성은 영웅을, 원로원은 정치적 균형을, 군대는 승리를 기대했다. 그러나 그는 그 기대를 전부 만족시키는 것이 불가능함을 알았다.

"다른 이들의 기대는 너의 덕의 척도가 될 수 없다."

타인의 기대에 맞추는 삶은 끝없는 굴레다. 기대는 늘 변하고, 서로 충돌하기도 한다. 아우렐리우스가 강조한 것은 타인의 기대가 아니라 스스로의 덕을 기준 삼는 일이었다. 타인의 기대는 참고할 수 있지만, 삶의 기준은 나 자신이 세워야 한다.

남의 존경을 좇지 말고 덕을 좇으라

"존경보다 덕을 좇아라. 덕은 흔들리지 않는다."

『명상록』 7장 63절

존경을 받으려 애쓰는 사람은 남의 눈에 갇힌다. 덕을 좇는 사람은 스스로 자유롭다. 아우렐리우스는 이렇게 말했다.

"존경보다 덕을 좇아라. 덕은 흔들리지 않는다."

존경은 바람처럼 변한다. 오늘의 칭찬이 내일의 비난으로 바뀔 수 있다. 그러나 덕은 상황에 흔들리지 않는다. 덕은 남이 주는 것이 아니라 스스로 지켜내는 것이다.

명예는 외부의 조명 아래서만 빛나지만, 덕은 어둠 속에서도 스스로 빛난다. 존경을 좇는 삶은 불안하지만, 덕을 좇는 삶은 고요하다. 결국 진정한 존경은 덕을 좇는 사람에게 자연스레 찾아온다.

남의 말보다 내 양심을 따르라

"너의 내면의 신(神)을 지켜라.

타인의 말보다 네 양심의 목소리를 따르라."

『명상록』 5장 27절

사람들은 늘 남의 말에 휘둘린다. 칭찬에 들뜨고, 비난에 무너진다. 그러다 보면 정작 내 안의 목소리를 잃어버린다. 그는 인간의 평온이 외부의 평가가 아니라, 내면의 진실을 따르는 데서 비롯된다는 것을 알았다.

"너의 내면의 신(神)을 지켜라. 타인의 말보다 네 양심의 목소리를 따르라."

양심은 언제나 나에게 솔직하다. 남들이 뭐라 하든, 내가 옳다고 아는 길을 따를 때 평온이 찾아온다. 남의 말은 시시각각 변하지만, 양심의 목소리는 변하지 않는다.

현대 사회는 남의 평가를 쉽게 접할 수 있는 시대다. SNS의 댓글 하나, 직장에서의 평가 한 줄에 우리는 하루 종일 기분을 빼앗긴다. 그러나 그 순간에도 내 양심은 조용히 진실을 말하고 있다. 양심의 목소리는 바람 속에서도 꺼지지 않는 등불과 같다. 그 빛을 따라갈 때, 남의 말은 더 이상 나를 흔들 수 없다.

스스로에게 정직하라

"스스로에게 정직하라. 그것이 모든 덕의 근원이다."

『명상록』 10장 33절

스스로를 속이는 사람은 남의 시선에도 쉽게 흔들린다. 내 안의 거짓이 많을수록 외부의 평가에 약해진다. 그는 모든 덕이 정직에서 시작된다고 믿었다. 자신을 속이는 순간, 모든 판단이 흐려지기 때문이다.

"스스로에게 정직하라. 그것이 모든 덕의 근원이다."

남에게 잘 보이려는 마음보다 더 중요한 것은 내 양심 앞에서 부끄럽지 않은 것이다. 타인의 시선을 의식하며 사는 삶은 언제나 흔들리지만, 스스로에게 정직한 사람은 어디서든 당당하다. 정직은 남을 설득하기 위한 미덕이 아니라, 자기 자신과 맺는 약속이다. 그 약속을 지킬 때, 영혼은 맑아지고 삶은 흔들리지 않는다.

내 삶은 내가 산다

“너의 삶은 너의 것이다.

타인은 그 결과를 대신 지지 않는다.”

『명상록』12장 36절

사람들은 종종 내 삶을 대신 설계하려 한다. 그들의 기대와 충고는 때로 도움이 되지만, 삶을 대신 살아주지는 못한다. 그는 황제의 자리에서도 이 진실을 잊지 않았다. 수많은 조언과 시선 속에서도, 마지막 결정과 책임은 언제나 자신에게 있었다.

“너의 삶은 너의 것이다. 타인은 그 결과를 대신 지지 않는다.”

남의 뜻대로 살면 편안해 보일 수 있다. 하지만 결국 그 결과를 감당하는 사람은 나다. 그렇다면 삶의 주인은 언제나 나여야 한다. 타인의 뜻에 휘둘리는 순간, 그는 황제라는 지위마저도 진정한 의미를 잃게 될 것임을 알았다.

삶은 누구의 설계도가 아니라, 내가 그리는 한 장의 그림이다. 다른 이의 붓에 맡기면 색은 곧 바래지만, 내가 그린 흔적은 끝내 남는다. 그는, 그리고 우리도 오늘 묻는다

이 선택은 진정 나의 것인가?

PART 4
자연의 질서와 조화

자연은 늘 제자리를 지킨다

"자연은 언제나 제자리를 지킨다.

태양이 항상 떠오르듯, 네 영혼도 제자리를 지켜야 한다."

『명상록』 6장 58절

자연은 한순간도 제자리를 벗어나지 않는다. 해는 매일 떠오르고, 강은 흘러가며, 모든 존재는 각자의 위치에서 조화를 이룬다. 아우렐리우스는 인간 역시 이 질서의 일부로서 살아야 한다고 말했다.

"자연은 언제나 제자리를 지킨다. 태양이 항상 떠오르듯, 네 영혼도 제자리를 지켜야 한다."

우리가 괴로워하는 이유는 세상이 아니라, 세상을 통제하려는 욕망 때문이다. 자연의 흐름을 거슬러 바람을 막으려 하면 마음은 더 요동친다. 그러나 그 흐름을 받아들이면 고요가 찾아온다. 자연은 언제나 스스로의 길을 알고 있으며,

그 길은 인간이 억지로 바꿀 수 없다.

자연의 질서는 완벽하다. 봄은 다시 돌아오고, 바람은 잠시 머물다 사라진다. 그 안에는 억지로 바꿀 필요도, 조급해할 이유도 없다. 하늘과 땅의 질서에 자신을 맞추는 순간, 인생은 저항이 아닌 조화의 흐름으로 바뀐다. 진정한 평온은 세상을 바꾸려는 것보다, 그 질서를 이해하고 따를 때 찾아온다.

변화는 법칙이다

"모든 것은 변화한다. 변화 자체가 자연의 법이다."

『명상록』 4장 36절

자연은 멈추지 않는다. 강은 흘러가고, 계절은 돌며, 세상은 끊임없이 새로워진다. 아우렐리우스는 변화가 파괴가 아니라 순환임을 꿰뚫어 보았다. 모든 것은 흘러가지만, 그 흐름 속에는 질서가 있다. 꽃이 피고 지듯, 인간의 삶과 죽음도 그 순환의 일부다.

"모든 것은 변화한다. 변화 자체가 자연의 법이다."

우리가 두려워하는 것은 변화가 아니라 익숙함의 상실이다. 그러나 자연의 이치는 정지하지 않는다. 강물은 흘러야 깨끗하고, 나무는 잎을 떨어뜨려야 새순이 돋는다. 사라짐은 끝이 아니라 다음을 위한 준비다. 변화는 모든 존재가 살아 있음을 증명하는 자연의 리듬이다.

세상은 변화를 통해 스스로를 새롭게 한다. 그 법칙을 거스르려 할수록 마음은 불안해진다. 그러나 변화의 흐름을 받아들일 때 우리는 평온을 얻는다. 진정한 지혜는 변화를 멈추는 데 있지 않다. 그 순환을 이해하고 그 안에서 조화를 이루는 데 있다.

계절은 삶의 거울이다

"계절의 변화 속에서 삶의 법칙을 배워라."

『명상록』6장 15절

봄은 시작을, 여름은 성장을, 가을은 결실을, 겨울은 쉼을 상징한다. 계절의 변화 속에 삶의 이치가 담겨 있다. 그의 말은 자연의 흐름을 빌려 삶의 질서를 일깨운다.

"계절의 변화 속에서 삶의 법칙을 배워라."

삶은 계절처럼 흘러간다. 젊음은 봄, 장년은 여름, 노년은 겨울과 같다. 각 시기는 그 나름의 의미와 아름다움이 있다. 모든 계절에는 존재의 이유가 있고, 그 변화는 삶의 순환을 완성한다. 아우렐리우스는 이 순환 속에서 평정의 지혜를 발견했다. 모든 계절을 있는 그대로 받아들이는 것이 지혜이며, 그렇게 삶의 각 순간을 받아들이는 것이 곧 평온이다.

자연은 늘 충만하다

“자연은 늘 충분하다.

부족은 우리의 욕망이 만든 환상이다.”

『명상록』 6장 44절

자연은 부족하지 않다. 늘 필요한 만큼 주고, 채우며, 흘러간다. 그의 말은 넘침도 모자람도 없는 자연의 질서를 비춘다.

“자연은 늘 충분하다. 부족은 우리의 욕망이 만든 환상이다.”

부족하다고 느끼는 것은 자연의 문제가 아니라 인간의 마음 때문이다. 자연은 언제나 필요한 만큼을 주고, 모든 생명은 그 안에서 조화를 이루며 살아간다. 그러나 인간은 끝없이 더 많은 것을 원하며, 결핍을 찾아낸다. 아우렐리우스는 이 끝없는 결핍의 감정을 욕망이 만든 착시로 보았다.

봄에는 꽃이 피고, 여름엔 열매가 맺히며, 가을엔 추수가 이루어진다. 겨울은 다시 다음 생명을 준비하는 시간이다. 자연은 어느 한순간도 멈추지 않고, 늘 순환하며 충만하다.

결국 부족을 느끼는 것은 욕심이라는 이름의 환상이다. 더 가지려는 마음이 우리를 불안하게 만들고, 더 채우려는 욕망이 평온을 앗아간다. 그러나 시선을 자연으로 돌리면 깨닫게 된다. 이미 모든 것은 제자리에 있고, 세상은 필요한 만큼 채워져 있다.

자연은 언제나 충분하며, 그 안에서 우리 또한 충분한 존재로 살아간다. 진정한 풍요는 더 가지는 데 있지 않고, 지금 주어진 것을 감사히 느끼는 데 있다.

인간은 전체의 작은 일부다

"너는 전체의 일부다.

그 사실을 깨달을 때 비로소 자유롭다."

『명상록』 10장 6절

우리는 스스로를 세상의 중심처럼 생각한다. 자연 앞에서 인간은 한낱 작은 일부일 뿐이다. 아우렐리우스는 이렇게 말했다.

"너는 전체의 일부다. 그 사실을 깨달을 때 비로소 자유롭다."

이 사실을 받아들이는 순간, 교만은 사라진다. 인간은 거대한 자연의 질서 속에서 잠시 머무는 존재다. 그러니 모든 것을 내 뜻대로 바꾸려는 욕망은 어리석다. 작은 일부로서의 자신을 인정하는 것은 무가치함이 아니라 오히려 자유다. 전체의 일부임을 알면, 불필요한 집착에서 벗어나고 겸

손을 배운다. 내가 맡은 자리에서 나의 몫을 다하면 그것으
로 충분하다.

그의 말은 오래된 거울처럼 우리 마음을 비춘다. 현대의 삶
도 다르지 않다. 무한한 우주 속에서 인간의 시간은 찰나에
불과하다. 그럼에도 우리는 거대한 의미를 만들려 애쓴다. 그
러나 아우렐리우스는 깨달았다. 전체의 일부라는 사실 자체
가 이미 충분한 의미이며, 그 자각이 곧 평온이다.

인간의 뜻보다 자연의 법이 크다

"인간의 뜻은 작고, 자연의 법은 크다. 그 앞에서 겸손하라."

『명상록』 5장 8절

인간의 뜻은 때로 자연의 법과 충돌한다. 그러나 결국 이기는 것은 자연의 법이다. 아우렐리우스는 명상록에 이렇게 적었다.

"인간의 뜻은 작고, 자연의 법은 크다. 그 앞에서 겸손하라."

내가 세운 계획이 무너질 수 있다. 그러나 그것은 헛된 일이 아니라 더 큰 법칙의 일부다. 인간은 자연을 다스릴 수 없다. 오히려 자연의 법을 이해하고 따를 때 비로소 자유로울 수 있다. 그의 말은 인간의 의지와 자연의 질서 사이의 균형을 일깨운다. 겸손히 자연의 법 앞에 설 때, 인간은 진정한 지혜를 배운다.

 자연의 질서와 조화

자연은 언제나 조화를 이룬다

"자연은 언제나 조화를 이룬다.

혼란 속에서도 전체는 균형을 잃지 않는다."

『명상록』 6장 36절

아우렐리우스는 전쟁과 역병으로 제국이 무너지는 듯한 혼란 속에서도, 하늘의 별들이 질서 있게 움직이는 것을 보며 위안을 얻었다. 그에게 자연은 언제나 조화를 유지하는 거대한 전체였다.

"자연은 언제나 조화를 이룬다. 혼란 속에서도 전체는 균형을 잃지 않는다."

낮과 밤, 계절의 변화, 생명의 순환은 늘 조화를 이룬다. 인간의 눈에는 불행과 불균형처럼 보이지만, 더 큰 질서 속에서는 모든 것이 제자리를 찾는다. 이 조화를 깨닫는 순간, 우리의 삶도 안정감을 되찾는다.

모든 것은 연결되어 있다

"모든 것은 서로 연결되어 있다.

하나가 흐르면 모두 흐른다."

『명상록』 6상 38절

세상의 모든 것은 서로 연결되어 있다. 따로 떨어진 것은 없다. 그의 말은 보이지 않는 그물처럼 세상의 진실을 드러낸다.

"모든 것은 서로 연결되어 있다. 하나가 흐르면 모두가 흐른다."

이 세상에서 완전히 독립된 존재는 없다. 사람과 사람, 인간과 자연, 과거와 현재는 모두 보이지 않는 실로 이어져 있다. 우리는 서로의 숨결 속에서 영향을 주고받으며 살아간다. 나의 작은 행동 하나가 누군가의 하루를 바꾸고, 한 사람의 선택이 공동체 전체의 흐름을 바꾸기도 한다.

아우렐리우스는 이 '연결의 자각'을 책임의 자각으로 이 해했다. 내가 세상과 무관한 존재가 아니라는 사실을 깨달을 때, 타인에게 함부로 할 수 없고 자연을 소모품처럼 대할 수도 없다.

이 연결을 깊이 인식할 때, 우리는 고립이 아닌 연대 속에서 존재하게 된다. 혼자 서 있는 듯 보여도 그 뿌리는 서로 맞닿아 있다. 나의 행복은 타인의 행복과, 타인의 평온은 나의 평온과 이어져 있다.

결국 세상은 거대한 하나의 생명체이며, 그 안에서 우리는 함께 숨 쉬며 살아가는 존재다. 이 진실을 깨달을 때, 마음에는 비로소 평화와 겸손이 자리 잡는다.

바다는 모든 강을 품는다

"바다처럼 포용하라.

모든 강물이 그곳에 이른다."

『명상록』 6장 48절

아우렐리우스는 로마의 광대한 제국을 바다에 비유했다. 서로 다른 민족과 문화가 모였지만, 바다처럼 포용하지 않으면 제국은 유지될 수 없었다.

"바다처럼 포용하라. 모든 강물이 그곳에 이른다."

바다는 강물을 거부하지 않는다. 흙탕물이든 맑은 물이든 모두 품어 하나가 된다. 사람의 마음도 이와 같아야 한다. 크고 넓은 마음은 갈등을 줄이고, 차이를 포용한다. 바다처럼 포용하는 마음을 가진 자만이 흔들리지 않는 평온을 얻는다.

 자연의 질서와 조화

나무의 인내를 배워라

"나무처럼 묵묵히 견뎌라. 인내 속에서 성장이 이루어진다."

『명상록』 5장 9절

나무는 한 계절에 자라지 않는다. 비바람을 맞고, 계절을 거듭하며 천천히 성장한다. 그는 자연의 이치를 누구보다 깊이 이해했다.

"나무처럼 묵묵히 견뎌라. 인내 속에서 성장이 이루어진다."

인간은 조급하다. 당장의 성과를 원하고, 기다림을 힘들어한다. 그러나 자연은 서두르지 않는다. 나무처럼 묵묵히 뿌리를 내리고 시간을 견디는 자만이 큰 성장을 이룬다. 삶도 다르지 않다. 조급함은 좌절을 낳지만, 인내는 성숙을 낳는다. 오늘의 작은 성취를 넘어 내일의 열매를 믿고 버티는 것이 곧 지혜다.

단순함 속에 진리가 있다

"단순함은 진리로 가는 문이다."

『명상록』 4장 24절

아우렐리우스는 사치와 복잡함이 가득한 궁정의 삶 속에서도 단순함을 선택했다. 그는 단순한 삶이야말로 자연의 질서에 가장 가까운 길이며, 영혼을 가장 맑게 하는 태도라 믿었다.

"단순함은 진리로 가는 문이다."

진리는 화려함 속에 숨지 않는다. 오히려 단순한 삶, 본질을 향해 나아가는 삶에서 드러난다. 단순함은 결핍이 아니라 본질로 돌아가는 힘이다. 불필요한 것을 덜어낼수록 마음은 맑아지고, 그 안에서 진실이 보인다. 단순함은 외적인 절제만이 아니라 내면의 정리이기도 하다. 복잡한 욕망과 잡음을 걷어낼 때, 우리는 마침내 스스로와 마주하게 된다.

그의 말은 오늘날에도 여전히 유효하다. 정보와 소음이 넘치는 시대일수록 단순함은 더 큰 용기이자 지혜다. 단순함은 퇴보가 아니라 정화이며, 진리는 언제나 그 고요한 자리에서 우리를 기다린다.

PART 5
운명에 대한 의연한 수용

우연은 존재하지 않는다

"세상에는 우연이 없다.
모든 것은 로고스의 질서 안에서 일어난다."

『명상록』 6장 44절

전쟁터에서 예상치 못한 패배와 승리를 경험하며, 아우렐리우스는 '우연'이란 이름 뒤에 숨은 필연을 보았다. 그것은 더 큰 법칙 속에서 일어난 일이었다.

"세상에는 우연이 없다. 모든 것은 로고스의 질서 안에서 일어난다."

삶의 사건은 우연처럼 보인다. 그러나 그 안에는 반드시 배움과 의미가 숨어 있다. 우연을 부정하고 의미 없는 일이라 치부하면 성장의 기회를 잃는다. 모든 사건은 자연의 질서 안에서 일어난다. 그것을 깨닫는 순간, 어떤 일도 허무하지 않다.

운명은 두려움이 아니라 동행이다

"그대의 운명은 그대에게 적이 아니라 동행이다.

그것과 조화를 이룰 때 평온이 온다."

『명상록』 4장 23절

운명은 짐이 아니라 길 위의 벗이다. 피하려 하면 괴로움이 되지만, 받아들이면 평온이 된다. 아우렐리우스는 운명을 삶의 적이 아닌 동반자로 보았다. 그에게 운명은 나를 시험하기 위해 주어진 것이 아니라, 함께 걸으며 나를 단련시키는 스승이었다. 그것과 조화를 이룰 때 삶은 비로소 단단해진다.

"그대의 운명은 그대에게 적이 아니라 동행이다. 그것과 조화를 이룰 때 평온이 온다."

그의 말은 우리에게 삶의 불확실함을 껴안는 용기를 가르친다. 운명을 적으로 삼으면 삶은 끊임없는 싸움이 된다. 그러나 운명을 동행으로 받아들이면 모든 일이 의미로 바뀐다

 ♛ 운명에 대한 의연한 수용

길이 험해도, 예상치 못한 일이 닥쳐도 그것은 나를 단련시키는 여정의 일부다. 삶은 내가 선택한 것과 선택하지 않은 것의 합으로 이루어진다. 선택하지 못한 것들을 거부하는 대신, 함께 짊어지고 걸을 때 비로소 운명은 삶의 무게가 아니라 삶의 힘이 된다.

원하던 길이 아닐지라도

"그대가 원치 않는 길이라도 그 길은 자연이 준 길이다."

『명상록』 5장 8절

사람은 누구나 원하는 길이 있다. 그러나 삶은 늘 그 길만을 허락하지 않는다. 아우렐리우스는 명상록에 이렇게 적었다.

"그대가 원치 않는 길이라도 그 길은 자연이 준 길이다."

그는 황제가 되기를 바라지 않았다. 조용히 철학에 몰두하며 사유하는 삶을 더 사랑했다. 그러나 운명은 그를 제국의 지도자로 세웠다. 그는 그 길을 거부하지 않았다. 오히려 주어진 길 위에서 자신이 해야 할 일을 철저히 수행했다. 그의 말은 '내가 선택한 길'보다 '나에게 주어진 길'을 성실히 걸을 때 삶이 의미로 바뀐다는 것을 보여준다.

 운명에 대한 의연한 수용

우리의 삶도 마찬가지다. 예상치 못한 길로 밀려나기도 하고, 원하지 않던 상황 속에 서기도 한다. 원치 않는 직장, 갑작스러운 질병, 이별과 상실 같은 것들은 내가 바라던 길은 아닐지라도 지금의 나에게 주어진 현실이다. 그 길을 거부하면 고통은 커지지만, 받아들이면 그 안에서도 배움이 자란다.

아우렐리우스의 통찰은 우리에게 이렇게 속삭인다. 원하는 길만 걷는 사람은 행복을 조건으로 묶어두지만, 주어진 길을 걸을 줄 아는 사람은 어떤 상황에서도 의미를 찾아낸다. 삶이 내 뜻과 다르게 흘러가더라도, 그것이 자연의 흐름 속에 주어진 길임을 받아들이라. 그때 비로소 모든 길은 나의 길이 된다.

주어진 것을 거부하지 말라

"무엇이 네게 주어졌든 기꺼이 받아들이라.

『명상록』 5장 8절

역병이 창궐하던 시절, 아우렐리우스는 황제로서 백성의 고통을 외면할 수 없었다. 그는 자신에게 주어진 상황을 원망하기보다 감당해야 할 몫으로 받아들였다.

"무엇이 네게 주어졌든 기꺼이 받아들이라."

주어진 것을 거부하는 순간 고통은 더 커진다. 현실을 부정할수록 마음은 저항으로 가득 차고, 그 저항이 괴로움이 된다. 수용은 포기가 아니라 이해의 시작이다. 그것은 상황을 있는 그대로 인정하고, 그 안에서 내가 할 수 있는 일을 찾아가는 지혜다. 받아들임 속에는 힘이 있고, 그 힘은 삶을 단단하게 만든다. 우리가 감당해야 할 몫은 결코 벌이 아니라 성장의 기회다.

주어진 몫을 피하지 않고 마주할 때 비로소 삶은 성숙해진
다. 아우렐리우스가 역병 속에서도 황제의 책임을 외면하지
않았듯, 우리 역시 각자에게 주어진 역할을 완전히 받아들일
때 내면은 깊어진다. 고통은 피할 때가 아니라 감당할 때 비
로소 의미로 바뀐다. 주어진 현실을 온전히 받아들이는 태
도, 그것이야말로 진정한 평온으로 가는 길이다.

하늘이 준 몫을 기꺼이 받는다

"하늘이 준 몫을 기꺼이 받아

그 안에서 덕을 세워라."

『명상록』5장 8절

아우렐리우스는 전염병과 전쟁, 정치적 배신 속에서도 자신에게 주어진 몫을 거부하지 않았다. 황제라는 무거운 책임도, 철학자로서의 고독한 사유의 시간도 모두 하늘이 준 몫이라 여겼다. 그는 그것을 피하지 않고 받아들임으로써 자신의 덕을 세웠다.

"하늘이 준 몫을 기꺼이 받아 그 안에서 덕을 세워라."

삶은 언제나 내가 선택한 일들로만 이루어지지 않는다. 때로는 원하지 않았던 몫이 주어지고, 그 몫이 나를 시험한다. 그러나 성숙한 사람은 그것을 불운이라 여기지 않는다. 오히려 그 안에서 배움을 찾고, 자신을 단련시킨다. 억지로 거부

 운명에 대한 의연한 수용

하면 그것은 불만이 되지만, 기꺼이 받아들이면 그것은 성장의 밑거름이 된다.

하늘이 준 몫은 무겁더라도, 그것을 짊어질 때 인간은 한층 더 단단해진다. 삶의 무대에서 주어진 역할을 사랑으로 받아들일 때, 고통은 의미로 바뀌고 시련은 덕으로 승화된다. 결국 진정한 평온은 더 나은 운명을 바라는 데서 오지 않는다. 주어진 몫을 받아들이고 그 안에서 자신을 빛내는 태도, 그것이 바로 아우렐리우스가 말한 지혜의 완성이다.

선택할 수 없는 것을 받아들여라

"바꿀 수 없는 것을 받아들이라.

그 안에 자연의 의도가 있다."

『명상록』7장 57절

삶에는 내가 바꿀 수 없는 일들이 있다. 그것을 거부하면 좌절이 깊어지고, 받아들이면 평온이 찾아온다. 통제할 수 없는 것을 억지로 바꾸려는 마음은 결국 자신을 소모시킨다. 아우렐리우스는 이렇게 말했다.

"바꿀 수 없는 것을 받아들이라. 그 안에 자연의 의도가 있다."

세상에는 내 의지로 바꿀 수 없는 일들이 많다. 타인의 말, 날씨, 시간, 죽음처럼 자연의 흐름 속에 있는 것들은 인간의 힘으로 통제할 수 없다. 그런데도 그것들을 내 뜻대로 바꾸려 하면, 마음은 끊임없는 저항과 좌절에 시달리게 된다.

그가 강조한 것은 ‘통제 가능한 것과 불가능한 것을 구분하라’는 지혜다. 바꿀 수 없는 것은 담담히 받아들이고, 바꿀 수 있는 것들 즉, 내 생각과 태도, 선택에 집중하는 것이다. 이 단순한 구분이 마음의 질서를 세우고, 삶의 고통을 줄인다. 세상을 다 바꾸려 하기보다, 내가 바꿀 수 있는 범위를 명확히 아는 것. 그것이 평온의 시작이며, 삶을 가볍게 하는 첫걸음이다.

운명은 내가 통제할 수 없는 것

"운명은 통제할 수 없다.

그러나 태도는 항상 네 손에 있다."

『명상록』 5장 5절

운명은 내 뜻대로 움직이지 않는다. 그러나 그것을 받아들이는 태도는 언제나 내 선택이다. 세상을 바꾸지 못해도, 그 안에서 나를 다스릴 수 있다. 그것이 아우렐리우스가 말한 진정한 자유다. 그는 명상록에 이렇게 썼다.

"운명은 통제할 수 없다. 그러나 태도는 항상 네 손에 있다."

사람들은 흔히 운명을 바꾸려 한다. 더 좋은 환경, 더 나은 조건, 더 편안한 삶을 원한다. 하지만 운명의 대부분은 내 손을 벗어난다. 내가 태어난 장소, 만난 사람들, 겪은 사건들… 그것들은 내 힘으로 조절할 수 없다.

운명을 통제하려 하면 끝없는 좌절에 빠진다. 그러나 태도를 바꾸면 같은 상황도 달리 보인다. 병을 겪는 이는 그것을 단련의 기회로 삼을 수 있고, 실패한 이는 그것을 새로운 시작의 발판으로 삼을 수 있다. 결국 운명은 변하지 않아도, 내가 어떤 시선으로 바라보느냐에 따라 삶의 무게는 달라진다.

아우렐리우스는 제국의 위기조차도 '내가 통제할 수 없는 영역'이라 인정했다. 대신 그는 자기 영혼을 다스리는 일에 힘을 쏟았다. 우리도 마찬가지다. 운명은 통제할 수 없다. 그러나 태도는 언제나 내 손에 있다.

운명은 거역보다 이해해야 한다

"운명을 이해하라.

그 안에서 지혜가 자란다."

『명상록』 10장 8절

운명은 저항으로 바뀌지 않는다. 그것을 이해할 때 비로소 평온이 찾아온다. 싸움이 아닌 이해 속에서 지혜가 자라나고, 운명은 적이 아니라 나를 성숙하게 하는 스승이 된다.

"운명을 이해하라. 그 안에서 지혜가 자란다."

이해란 운명 속에 숨어 있는 의미를 찾아내는 일이다. 우리는 종종 왜 이런 일이 내게 일어났는지를 묻지만, 그 이유를 모두 알 수는 없다. 그러나 그 안에서 배움과 성숙을 발견하려는 순간, 운명은 단순한 시련이 아니라 성장의 발판이 된다. 이해는 현실을 바꾸지 못할 때조차 마음의 방향을 바꾸게 한다. 그것은 불가항력적인 흐름 속에서도 자신을 잃지

 운명에 대한 의연한 수용

않게 하는 힘이다.

거부하면 고통이 커지고, 받아들이면 지혜가 자란다. 운명은 맞서 싸워야 할 적이 아니라, 나를 단련시키는 스승이다. 이해를 통해 우리는 세상의 이치뿐 아니라 자신을 이해하게 된다. 결국 운명을 이해한다는 것은 인생을 온전히 끌어안는 일이다. 그때 비로소 삶은 원망이 아닌 감사로 바뀌고, 고통은 지혜로 승화된다. 운명과의 화해, 그것이 진정한 자유의 시작이다.

운명을 원망하지 말라

"운명을 원망하지 말라.

그것은 자연의 질서 한 부분이며 너의 본성의 몫이다."

『명상록』 5장 10절

운명을 원망하는 마음은 스스로를 가두는 족쇄다. 원망은 현실을 바꾸지 못하고 오히려 고통을 더한다. 삶의 흐름을 받아들일 때만 마음은 가벼워지고, 그 안에서 배움과 평온이 자란다. 아우렐리우스는 명상록에 이렇게 썼다.

"운명을 원망하지 말라. 그것은 자연의 질서 한 부분이며 너의 본성의 몫이다."

그의 말은 우리에게 고통의 본질을 묻는다. 운명을 원망하는 순간, 마음은 현실에 저항하며 고통을 스스로 키운다. 불행처럼 보이는 일조차 삶의 일부로 받아들이지 못하면, 그 안에 담긴 의미를 발견할 수 없다. 세상은 늘 내 뜻대로 움직이지 않지만, 그 흐름 속에도 나에게 필요한 배움이 숨어 있다. 아우렐리우스는 그 배움을 가려버리는 안개가 바로 '원망'이라고 보았다.

원망은 안개처럼 시야를 흐리고, 받아들임은 그 안개를 걷어내는 햇살이다. 받아들인다는 것은 체념이 아니라 지혜다. 그것은 현실을 인정하고, 그 안에서 내가 할 수 있는 일을 찾아 나서는 용기다. 운명을 받아들이는 순간, 나는 피해자가 아니라 삶의 주인이 된다. 고통조차 내 성장의 일부로 끌어안을 때, 그때 비로소 삶은 나의 편이 된다. 그것이 바로 아우렐리우스가 말한 평온한 영혼의 힘이며, 진정한 지혜의 시작이다.

받아들이는 순간 자유로워진다

"받아들임은 굴복이 아니다.
자연의 뜻을 따를 때 자유가 온다."

『명상록』 4장 3절

운명을 거부하면 마음은 끝없이 저항하지만, 받아들이는 순간 고요가 찾아온다. 받아들임은 포기가 아니라 이해다. 자연의 흐름을 인정할 때, 억눌린 마음은 풀리고 진정한 자유가 열린다. 아우렐리우스는 명상록에 이렇게 기록했다.

"받아들임은 굴복이 아니다. 자연의 뜻을 따를 때 자유가 온다."

그는 '받아들임'을 패배가 아닌 조화의 행위로 보았다. 세상은 우리의 뜻을 중심으로 돌아가지 않는다. 병, 상실, 실패, 예기치 못한 변화등 그것들은 모두 자연의 일부로서 우리 앞에 놓인다. 억지로 밀어내려 하면 고통은 커지지만, 그 자리를 인정하면 마음은 오히려 가벼워진다. 그의 말은 마치 이렇게 속삭이는 듯하다. 거부는 나를 묶지만, 받아들임은 나를 푼다.

아우렐리우스는 전쟁과 역병, 정치적 혼란 속에서도 받아들임을 통해 평정을 잃지 않았다. 그에게 자유란 외부의 조건이 아니라, 내면의 수용에서 비롯되는 힘이었다. 우리 역시 마찬가지다. 변화와 상실을 거부할 때 고통은 머무르지만, 그것을 있는 그대로 받아들이는 순간 삶은 다시 흘러가기 시작한다.

받아들임은 체념이 아니다. 그것은 세상의 질서를 신뢰하는 용기다. 받아들이는 순간, 삶은 무게를 덜고 영혼은 자유를 얻는다.

운명은 나를 단련한다

"운명은 너를 시험하기 위해 온다.

그 속에서 너의 힘이 드러난다."

『명상록』 10장 3절

아우렐리우스는 젊은 시절부터 잦은 병약함을 겪었다. 황제의 자리에 오르고 나서도 육체적 고통은 계속되었지만, 그는 그것을 약점이 아니라 영혼을 단련하는 도구로 여겼다.

"운명은 너를 시험하기 위해 온다. 그 속에서 너의 힘이 드러난다."

운명은 종종 고통스러운 얼굴로 다가온다. 그러나 그 고통은 나를 무너뜨리려는 것이 아니라, 내 안의 힘을 길러내려는 과정일 수 있다. 쇠가 불과 망치에 단련되듯, 영혼도 시련 속에서 단단해진다.

운명을 원망하면 시련은 짐이 되지만, 그것을 단련의 기회로 보면 시련은 스승이 된다. 아우렐리우스는 질병과 역경 속에서도 철학을 놓지 않았다. 그는 그 경험 덕분에 더 깊은 평온에 이르렀다. 우리 또한 운명을 단련의 길로 받아들일 때, 불운은 힘으로 변한다.

숙명은 나를 완성한다

"숙명은 너를 무너뜨리지 않는다.

그것은 너를 완성하기 위한 도구다."

『명상록』 6장 50절

아우렐리우스는 어린 나이에 황제의 책무를 짊어졌다. 철학자가 되고 싶었던 그에게 숙명은 무겁고 버거웠다. 그러나 그는 결국 그 무게 속에서 더 단단한 자신을 발견했다.

"숙명은 너를 무너뜨리지 않는다. 그것은 너를 완성하기 위한 도구다."

숙명은 때로 억울하고 불공평하게 다가온다. 하지만 그것은 나를 파괴하기 위해서가 아니라 나를 완성하기 위해 주어진 것이다. 고통과 책임, 시련 속에서 인간은 성장하고 성숙해진다.

숙명을 원망하면 삶은 끊임없는 싸움이 된다. 그러나 그
것을 나를 완성하는 과정으로 본다면 숙명은 오히려 은혜가
된다. 아우렐리우스가 황제라는 숙명을 철학자의 눈으로 받
아들였듯, 우리도 숙명 속에서 자기 자신을 완성할 수 있다.

피할 수 없는 것을 사랑하라

"피할 수 없는 것을 사랑하라.

운명과 사랑으로 하나가 되리니"

『명상록』 7장 57절

그의 말은 운명을 거부하지 않고 껴안으라는 부드러운 명령처럼 다가온다. 삶에는 피할 수 없는 일들이 있다. 거부할수록 상처는 깊어지지만, 그것을 사랑으로 품을 때 마음은 단단해진다. 받아들임 속에서 고통은 의미로 바뀌고, 그 의미가 삶을 더욱 깊게 만든다. 아우렐리우스는 명상록에 이렇게 기록했다.

숙명은 나를 완성한다

"피할 수 없는 것을 사랑하라. 운명과 사랑으로 하나가 되리니"

그에게 사랑이란 단순한 감정이 아니었다. 그것은 현실을 있는 그대로 껴안는 의지이자, 운명과 조화를 이루는 힘이었다. 그는 전쟁, 역병, 배신, 그리고 정치적 혼란 속에서도 삶을 미워하지 않았다. 오히려 그 모든 것을 '자연이 준 몫'으로 받아들이며, 그 안에서 자신이 할 수 있는 최선의 선(善)을 다했다.

그의 사랑은 세상을 바꾸려는 욕망이 아니라, 세상과 함께 서려는 용기였다. 사랑이란 체념이 아니다. 현실을 외면하지 않고 껴안는 힘이다. 상실의 아픔도, 실패의 상흔도, 사랑으로 받아들일 때 그것은 나를 무너뜨리지 않고 단련시킨다.

피할 수 없는 것을 사랑한다는 것은, 운명을 적으로 두지 않는 일이다. 삶의 모든 사건을 내 성장의 일부로 받아들이는 태도. 그것이야말로 아우렐리우스가 말한 운명과 사랑으로 하나 되는 삶이다. 그 순간, 운명은 나를 억누르는 쇠사슬이 아니라, 함께 걸어가는 스승이 된다.

운명은 자연의 일부다

"삶은 연극과 같다.

자연의 무대에서 자신의 역할을 연기하라."

『명상록』 10장 38절

아우렐리우스는 황제로서 광대한 제국의 무대 위에 올려져 있었다. 그는 그 무대를 원해서 선택한 것이 아니었다. 그러나 그는 도망치지 않았다. 자신에게 주어진 무대를 자신의 역할로 받아들였다.

"삶은 연극과 같다. 자연의 무대에서 자신의 역할을 연기하라."

삶은 연극과 같다. 우리는 각자 주어진 무대 위에 서 있다. 어떤 이는 화려한 궁정에서, 어떤 이는 평범한 일터에서, 또 어떤 이는 고통스러운 병상에서. 무대는 내가 고를 수 없다. 하지만 그 위에서 어떻게 연기할지는 나의 선택이다.

숙명은 불공평해 보일 때가 많다. 남들보다 좁고 어두운 무대를 받았다고 생각할 수 있다. 그러나 중요한 것은 무대의 크기가 아니다. 그 위에서 내가 얼마나 진실하게, 얼마나 최선을 다해 살아내는가이다. 아우렐리우스는 황제라는 거대한 무대 위에서조차 그것을 권력의 자랑이 아니라 덕의 실천의 장으로 만들었다.

우리에게도 숙명은 무대다. 피할 수 없고, 거부할 수 없다. 그렇다면 할 수 있는 일은 하나다. 주어진 무대 위에서 나의 장면을 정직하게 연기하는 것. 그것이 삶을 숙명과 화해시키는 길이다.

인생은 정해진 흐름 위를 걷는 것

"인생은 흐름이다.

그대는 그 흐름에 따라 걸을 뿐이다."

『명상록』 12장 36절

인생은 내가 만든 길이 아니라 이미 흘러가는 흐름 위를 걷는 것이다. 강물이 바다로 흘러가듯, 삶도 정해진 방향 속에서 이어진다.

"인생은 흐름이다. 그대는 그 흐름에 따라 걸을 뿐이다."

삶은 내가 만든 길이 아니라 이미 정해진 흐름 위를 걷는 것이다. 강물이 바다로 흘러가듯 인생도 자연의 질서 속에서 이어진다. 그 흐름을 거부하면 고통이 되고, 받아들이면 평온이 된다. 삶의 모든 순간은 그 흐름의 일부이며, 내가 할 수 있는 일은 그 안에서 조화롭게 걷는 것이다.

 운명에 대한 의연한 수용

PART 6
인간관계와 공동체

인간은 사회적 존재다

"인간은 사회적 존재다.

홀로가 아니라, 서로를 돕기 위해 태어났다."

『명상록』 9장 9절

아우렐리우스는 황제라는 고독한 자리에 있었지만, 언제나 자신이 공동체의 한 부분임을 잊지 않으려 했다. 그는 제국의 무거운 책임을 '자기 혼자의 것이 아니라 모두를 위한 것'이라 여겼다.

"인간은 사회적 존재다. 홀로가 아니라, 서로를 돕기 위해 태어났다."

인간은 홀로 살아갈 수 없다. 언어, 문화, 제도, 사랑과 우정까지 모두 관계 속에서 이루어진다. 혼자만의 이익을 추구하는 순간 사회는 무너지고, 그 속의 개인도 무너진다.

　아우렐리우스가 강조한 '사회적 존재로서의 인간'은 단순히 집단에 종속된다는 뜻이 아니다. 공동체 속에서 서로를 존중하고, 책임을 나누며, 함께 성장한다는 의미다. 나의 행복은 타인의 행복과 분리되지 않는다. 그렇기에 인간은 반드시 함께할 때 온전해진다.

남을 돕는 것은 나를 돕는 것이다

"남을 돕는 것은 곧 자신을 돕는 일이다.
우리는 서로에게 이익이 되도록 만들어졌다."

『명상록』 9장 42절

남을 돕는 일은 결코 일방향이 아니다. 타인을 세우는 순간, 나 또한 함께 일어선다. 도움은 순환하며, 그 선의가 돌아와 나를 지탱한다. 결국 남을 돕는 일은 나 자신을 돕는 일이다. 아우렐리우스는 이렇게 말했다.

"남을 돕는 것은 곧 자신을 돕는 일이다. 우리는 서로에게 이익이 되도록 만들어졌다."

내가 타인을 세워줄 때 공동체는 단단해지고, 그 속에서 나 또한 지탱된다. 도움은 결코 일방향이 아니다. 한 사람의 선의가 다른 이의 희망이 되고, 그 희망은 다시 나에게 돌아와 또 다른 선의로 이어진다. 이기심은 나를 중심에 세우는 듯 보이지만, 결국 관계를 끊어 고립을 만든다. 반면 도움은 사람과 사람을 잇는 다리가 되어 사회를 건강하게 한다.

남을 돕는다는 것은 단순한 선행이 아니라, 나 자신을 더 깊이 이해하고 성장시키는 일이다. 타인을 향한 손길 속에서 우리는 공감과 연대의 의미를 배운다. 선의는 반드시 순환한다. 지금 내가 건넨 작은 친절이 언젠가 다른 모습으로 돌아와 나를 지탱해 준다. 세상은 그렇게 보이지 않는 연결 속에서 유지된다. 남을 돕는 일은 결국 나를 돕는 가장 확실한 길이다.

남의 잘못은 곧 내 모습이다

"남의 잘못을 볼 때, 그것을 네 거울로 삼아라."

『명상록』 10장 30절

타인의 잘못을 볼 때 우리는 쉽게 비난한다. 하지만 아우렐리우스는 명상록에서 이렇게 언급했다.

"남의 잘못을 볼 때, 그것을 네 거울로 삼아라."

남의 실수와 허물을 관찰하며 우월감을 느끼는 것은 지혜가 아니다. 오히려 그것을 거울 삼아 나를 돌아보아야 한다. 다른 사람의 잘못 속에는 나도 똑같이 빠질 수 있는 약점이 드러나 있다.

타인의 잘못은 나의 교훈이다. 그것을 통해 나는 같은 실수를 줄이고, 더욱 성숙해질 수 있다. 비난이 아닌 성찰로 바꿀 때, 인간관계는 더 깊어진다.

타인의 약점은 나의 교훈이다

"타인의 약점 속에서 배워라.

그 안에 네가 경계해야 할 모습이 있다."

『명상록』10장 30절

타인의 약점을 보며 비웃는 것은 어리석다. 그것은 나의 미래일 수도 있고, 이미 내 안에 있는 모습일 수도 있다. 아우렐리우스는 타인을 대하는 태도에 대해 이렇게 일깨웠다.

"타인의 약점 속에서 배워라. 그 안에 네가 경계해야 할 모습이 있다."

남의 약점은 나를 비추는 거울이다. 우리는 흔히 타인의 실수를 보고 비난하지만, 그 안에는 내가 경계해야 할 모습이 숨어 있다. 남의 결점을 조롱하는 마음에는 우월감이 잠시 스칠 뿐, 아무런 깨달음도 남지 않는다. 그러나 그것을 반면교사로 삼을 때, 타인의 약점은 나를 성장시키는 교훈이 된다. 그가 넘어졌던 자리에서 나는 조심할 길을 배우고, 그의 실수 속에서 내 삶을 다스릴 지혜를 얻는다.

비난은 남을 해치는 데 그치지만, 교훈은 나를 세운다. 타인의 허물을 통해 자신을 돌아볼 줄 아는 사람은 결코 같은 실수를 반복하지 않는다. 타인을 판단하는 눈을 자신에게 돌릴 때, 마음은 겸손해지고 영혼은 단단해진다. 결국 진정한 지혜란 남의 잘못에서 교만을 느끼는 것이 아니라, 그 속에서 자신을 바로 세우는 힘을 배우는 것이다. 타인의 약점은 결국, 나를 성숙하게 만드는 또 하나의 스승이다.

남을 함부로 판단하지 말라

"남을 함부로 판단하지 말라.
그대는 그의 사정을 모른다."

『명상록』 11장 18절

판단은 쉽다. 그러나 그 판단은 종종 얕고 서두른 것이다. 아우렐리우스는 이를 경계했다.

"남을 함부로 판단하지 말라. 그대는 그의 사정을 모른다."

우리는 눈앞의 단편만 보고 성급히 결론을 내린다. 하지만 그 사람의 마음속 사정과 지나온 길은 알 수 없다. 판단은 나를 우월하게 하지만, 동시에 내 마음을 어둡게 만든다. 판단을 멈추고 이해하려는 순간, 관계는 부드러워지고 나 자신도 더 자유로워진다. 다른 이를 단죄하기보다, 나의 마음을 다스리는 것이 더 지혜로운 일이다.

사람 사이의 갈등은 피할 수 없다

『명상록』 9장 42절

갈등은 인간관계의 일부다. 피하려 해도 완전히 사라지지 않는다. 갈등에 관해 아우렐리우스는 이렇게 말했다.

"사람 사이의 갈등을 두려워하지 말라. 그것도 자연의 일부다."

우리는 종종 갈등 없는 관계를 꿈꾸지만, 그것은 현실이 아니다. 생각과 성향이 다른 이상, 갈등은 자연스럽게 생긴다. 중요한 것은 갈등 자체가 아니라 그것을 어떻게 다루느냐다. 갈등을 적대와 분열로 만들면 관계는 무너진다. 그러나 대화와 이해로 다룬다면 갈등은 오히려 성숙의 기회가 된다. 갈등을 두려워하지 말고, 그것을 삶의 일부로 받아들이라.

다투지 않고도 이길 수 있다

"다투지 않고도 이길 수 있다.

평정이 곧 승리다."

『명상록』 6장 6절

진정한 승리는 다투어 이기는 것이 아니라, 마음의 평정을 지키는 데 있다. 분노 대신 차분함을 선택할 때, 관계는 무너지지 않고 오히려 더 단단해진다. 아우렐리우스는 명상록에 이렇게 썼다.

"다투지 않고도 이길 수 있다. 평정이 곧 승리다."

분노로 맞서면 그 순간은 이긴 것 같아도 마음은 상처 입는다. 하지만 차분히 대응하거나 물러남으로써 갈등을 피한다면, 관계는 상하지 않고 오히려 더 큰 힘을 얻게 된다. 진정한 승리는 상대를 굴복시키는 것이 아니라 내 마음의 평정을 지키는 데 있다.

미움은 나를 해친다

"미움은 남보다 나를 해친다.

그것은 영혼을 병들게 한다."

『명상록』11장 18절

미움은 상대를 향해 던져지지만, 가장 깊이 상처 입는 이는 결국 나 자신이다. 미움은 불처럼 타오르며 먼저 내 마음을 태운다. 잠시 실망감에 빠졌던 아우렐리우스는 이렇게 말했다

"미움은 남보다 나를 해친다. 그것은 영혼을 병들게 한다."

미움은 불처럼 타올라 상대를 삼키는 듯 보이지만, 실상은 내 마음을 가장 먼저 태운다. 분노와 증오에 사로잡힐수록 평정은 사라지고, 마음속 평화는 점점 메말라간다. 미움은 상대를 무너뜨리는 힘이 아니라, 나 자신을 서서히 갉아

먹는 독이다. 그 독이 쌓이면 결국 삶의 기쁨과 여유까지 잃게 된다. 그러므로 미움을 붙잡는 일은 결국 자신을 해치는 일이다.

미움을 버린다는 것은 약함이 아니라 강함이다. 용서란 타인을 위한 것이 아니라 나 자신을 해방시키는 행위이기 때문이다. 미움을 내려놓는 순간, 마음의 무게가 가벼워지고 평온이 자란다. 상대를 미워하지 않기로 선택하는 것은 그를 위한 자비가 아니라 나를 위한 보호다. 내 안의 미움을 정화할 때 비로소 나는 진정한 자유를 되찾고, 평화로운 영혼으로 살아갈 수 있다.

이해는 용서의 시작이다

"타인의 잘못에 분노하지 말고,

그가 왜 그렇게 되었는지 이해하라."

『명상록』 11장 18절

누군가의 말 한마디가 마음을 상하게 할 때가 있다. 그 순간 우리는 본능적으로 분노하지만, 시간이 지나면 그 사람의 사정이나 상처를 떠올리게 된다. 아우렐리우스는 바로 그 틈에서 평온이 자란다고 했다.

"타인의 잘못에 분노하지 말고, 그가 왜 그렇게 되었는지 이해하라."

그는 황제로서 모욕과 반역, 비난을 감당했지만, 분노보다 이해를 선택함으로써 제국의 평정을 지켰다.

이해는 용서로 향하는 다리다. 상대의 행동 이면에 있는 두려움과 미숙함을 볼 때, 미움은 서서히 힘을 잃는다. 용서는 결코 나약함이 아니라 내면의 힘이다.

용서란 과거를 지우는 일이 아니라, 그 상처를 더 이상 내 마음에 묶어두지 않는 일이다. 분노를 억누르는 것이 아니라, 그 뒤에 숨은 인간의 연약함을 바라보는 순간 마음은 부드러워진다. 이해가 깊어질수록 용서는 자연스럽게 흘러나온다. 이해는 분노를 녹이고, 용서는 그 자리에 평온을 세운다. 결국 용서는 타인을 위한 것이 아니라 나 자신을 자유롭게 만드는 행위다.

남의 고통을 외면하지 말라

"남의 고통을 외면하지 말라.

우리는 하나의 몸이다."

『명상록』 9장 31절

타인의 고통을 모른 척하는 순간, 공동체는 무너진다. 나의 평온 또한 오래가지 못한다. 아우렐리우스는 이렇게 말한다.

"남의 고통을 외면하지 말라. 우리는 하나의 몸이다."

인간은 서로 연결되어 있다. 그렇기에 남의 고통은 결국 내 삶에도 영향을 미친다. 무관심은 잠시 편안할 수 있으나, 공동체의 붕괴는 결국 나를 향한다. 타인의 고통을 보듬는 것은 의무가 아니라 지혜다. 그것이 공동체를 지키고, 동시에 나 자신을 지키는 길이다.

함께할 때 강해진다

"서로의 짐을 나눌 때, 우리는 더 강해진다."

『명상록』 7장 13절

혼자의 힘은 금세 닳지만, 함께할 때 우리는 오래 버틴다. 연대는 약함의 징표가 아니라 회복의 근원이다. 서로의 짐을 나눌 때, 인간은 비로소 강해진다. 이 점에 대해 아우렐리우스는 이렇게 기록했다.

"서로의 짐을 나눌 때, 우리는 더 강해진다."

인간은 본래 사회적 존재이며, 서로 연결될 때 비로소 강해진다. 고난의 시기에도 우리가 완전히 무너지지 않는 이유는 곁에 함께 서 있는 사람들이 있기 때문이다. 연대는 단순한 도움이나 동정이 아니라, 삶을 지속시키는 근원적인 힘이다. 누군가의 손이 내 어깨에 닿는 순간, 그 온기가 절망을 이기게 하고 다시 일어설 용기를 준다. 혼자의 자유는 환상에 불과하며, 함께할 때에만 진정한 자유가 완성된다.

연대는 나를 지탱하는 뿌리이자 사회를 살게 하는 숨결이다. 서로의 짐을 조금씩 나누는 그 마음이 결국 모두를 살린다. 마르쿠스 아우렐리우스가 제국의 위기 속에서도 흔들리지 않았던 이유 역시 혼자가 아니었기 때문이다. 그는 병사, 학자, 시민과 함께 버텼고, 그들의 연대가 로마를 지탱했다. 나 또한 타인과의 연결 속에서 존재한다. 함께 살아야만 자유롭게 살 수 있다.

남을 돕는 것이 공동의 선을 만든다

"남을 돕는 순간, 공동의 선이 자란다."

『명상록』 6장 54절

아우렐리우스는 로마 제국의 황제로서 개인의 이익보다 공동체 전체의 선을 중시했다. 그는 병자와 가난한 자들을 돕는 일을 국가의 의무라 여겼다.

"남을 돕는 순간, 공동의 선이 자란다."

공동체의 선은 저절로 이루어지지 않는다. 작은 선행들이 모여 큰 선을 만든다. 내가 남을 돕는 순간, 그 선은 개인을 넘어 공동체 전체를 이롭게 한다. 도움은 개인의 덕일뿐 아니라 공동체를 지탱하는 힘이다. 결국 공동선은 나의 삶을 더 나은 환경 속에 두는 일과 같다.

이웃은 또 다른 나다

> "이웃을 또 다른 나로 여기라.
> 그를 대하는 태도는 곧 너의 태도다."
>
> 『명상록』 6장 44절

이웃은 단순한 타인이 아니라 또 다른 나다. 그를 향한 태도 속에 내가 어떤 사람인지가 드러난다. 아우렐리우스는 인간의 관계에 대해 이렇게 썼다.

"이웃을 또 다른 나로 여기라. 그를 대하는 태도는 곧 너의 태도다."

남의 고통은 곧 내 고통이고, 남의 기쁨은 곧 내 기쁨이다. 이웃을 소홀히 대하는 것은 나 자신을 소홀히 대하는 것과 같다. 세상은 서로 연결되어 있기에, 이웃과 나를 분리할 수 없다. 이웃을 사랑하는 것은 곧 나 자신을 지키는 길이다.

남의 덕을 기뻐하라

"남의 덕을 기뻐하라.

그것이 곧 너의 덕이 된다."

『명상록』7장 28절

남의 빛을 질투하지 말고 기뻐하라. 타인의 덕을 진심으로 찬미할 때, 내 마음의 그릇이 넓어진다. 시기는 마음을 메마르게 하지만, 기쁨은 나를 성장으로 이끈다. 아우렐리우스는 사람의 덕을 대하는 마음에 대해 이렇게 권했다.

"남의 덕을 기뻐하라. 그것이 곧 너의 덕이 된다."

남의 장점을 시기하면 마음은 점점 좁아지고 메마른다. 타인의 빛을 질투하는 순간, 내 안의 가능성도 스스로 가려버리게 된다. 그러나 남의 성공과 덕을 진심으로 기뻐할 때, 마음은 넓어지고 관계는 한결 부드러워진다. 타인의 성취를 축하하는 마음은 나를 더 풍요롭게 하고, 비교가 아닌 존중의 시선은 세상을 따뜻하게 만든다. 기쁨은 타인을 위한 감정 같지만, 결국 나를 성장시키는 힘이다.

타인의 덕을 인정하는 순간, 내 안에도 덕이 자라난다. 남의 장점을 발견하고 그것을 기뻐하는 일은 내 마음의 그릇을 키우는 일이다. 시기는 나를 갉아먹지만, 진심 어린 축복은 마음의 여유를 선물한다. 남의 빛을 바라보며 자신을 깎아내리지 말고, 그 빛에서 영감을 얻어라. 남의 덕을 기뻐하는 순간, 나의 덕 또한 조용히 자라난다. 그것이 덕이 덕을 낳는 삶의 순환이다.

PART 7
죽음과 유한성

죽음은 자연의 이행이다

"죽음은 파괴가 아니라 이행이다.

자연의 질서 속에서 삶은 다른 형태로 이어진다."

『명상록』 2장 17절

죽음은 파괴가 아니라 이행이다. 봄이 여름으로, 낮이 밤으로 옮겨가듯, 죽음은 삶에서 또 다른 질서로의 이행이다. 아우렐리우스는 죽음을 이렇게 바라보았다.

"죽음은 파괴가 아니라 이행이다. 자연의 질서 속에서 삶은 다른 형태로 이어진다."

죽음은 끝이 아니라 자연의 흐름 속에 포함된 하나의 과정이다. 계절이 바뀌고 낮이 밤으로 이어지듯, 죽음은 단절이 아닌 이행이다. 우리는 흔히 죽음을 두려움의 대상이나 삶의 종결로 여기지만, 그것은 오히려 생명이 새로운 형태로 이어지는 순환의 일부다. 나무가 낙엽을 떨궈 다음 봄의

싹을 준비하듯, 우리 또한 죽음을 통해 자연의 질서 속으로 되돌아간다.

아우렐리우스는 이 질서를 받아들이는 것이 지혜라 했다. 죽음을 거부하면 불안이 자라고, 받아들이면 마음은 평온을 되찾는다. 죽음을 자연의 일부로 인정하는 순간, 우리는 두려움에서 벗어나 삶 전체를 더 깊이 이해하게 된다. 죽음은 파괴가 아니라 귀환이며, 모든 존재가 다시 자연으로 합류하는 위대한 순환의 일부다.

사라짐은 또 다른 존재다

"사라짐은 소멸이 아니라 변화다.

그것은 또 다른 존재로의 이행이다."

『명상록』 4장 5절

황제는 계절이 바뀌고, 별이 지고 다시 뜨는 것을 보며, 사라짐이 곧 다른 모습으로의 존재임을 깨달았다.

"사라짐은 소멸이 아니라 변화다. 그것은 또 다른 존재로의 이행이다."

죽음은 완전한 소멸이 아니다. 꽃이 지고 열매가 맺히듯, 사라짐은 새로운 형태의 존재로 이어진다. 인간의 삶도 마찬가지다. 내가 떠나더라도, 남겨진 영향과 흔적은 또 다른 방식으로 세상 속에 존재한다. 그렇기에 죽음은 사라짐이 아니라 변화다. 이 관점을 받아들일 때 죽음은 허무가 아니라 희망으로 다가온다.

죽음은 공포가 아니라 이치다

"죽음은 공포가 아니라 자연의 이치다.

그것은 생의 또 다른 법이다."

『명상록』 2장 17절

역병이 로마 전역을 휩쓸 때, 아우렐리우스는 수많은 이들의 죽음을 목격했다. 황제로서 그는 공포 속에서 백성을 지켜야 했고, 동시에 죽음을 자연의 질서로 이해해야 했다.

"죽음은 공포가 아니라 자연의 이치다. 그것은 생의 또 다른 법이다."

죽음을 공포로 느끼는 것은 인간의 본능이다. 그러나 아우렐리우스는 그것을 이치로 바라보았다. 탄생이 자연의 섭리이듯, 죽음 또한 그 연장선상에 있다.

죽음을 공포로 보면 삶은 왜곡된다. 작은 고통에도 흔들리고, 미래에 대한 두려움에 사로잡힌다. 그러나 그것을 이치로 받아들이면 삶은 단단해진다. 삶과 죽음을 대립이 아니라 하나의 과정으로 본다면, 우리는 매 순간을 더 평온히 맞이할 수 있다.

공포를 없애려 하지 말라. 그것을 자연의 법칙으로 바라보라. 그러면 죽음은 낯선 적이 아니라 친숙한 동반자가 된다.

사라짐을 두려워하지 말라

"사라짐을 두려워하지 말라.

자연의 순환이다."

『명상록』 7장 32절

아우렐리우스는 황제였지만, 스스로도 언젠가 사라질 운명임을 잘 알았다. 그는 권력과 업적도 언젠가 잊히리라는 사실을 담담히 받아들였다.

"사라짐을 두려워하지 말라. 자연의 순환이다."

사라짐은 두려운 일이 아니다. 봄꽃이 져야 여름의 열매가 맺히듯, 사라짐은 새로운 것을 낳는다. 우리가 사라짐을 두려워하는 이유는 끝을 손실로 보기 때문이다. 그러나 그것을 변화의 과정으로 이해하면 두려움은 사라진다. 나 또한 언젠가 잊히겠지만, 그 사라짐은 흔적과 영향으로 다른 이들에게 남는다. 사라짐은 소멸이 아니라 변형이다.

죽음을 외면하지 말라

"죽음을 늘 마음에 두라. 그것이 삶을 깊게 한다."

『명상록』2장 11절

죽음을 외면하면 삶은 늘 불안하다. 그러나 죽음을 직시하는 자는 오히려 삶을 더 강하게 붙잡는다. 아우렐리우스는 죽음에 대한 태도에 관해 이렇게 일깨웠다.

"죽음을 늘 마음에 두라. 그것이 삶을 깊게 한다."

죽음을 두려워하는 이유는 그것을 알지 못하기 때문이다. 그래서 사람들은 그것을 모른 척하며 외면한다. 그러나 외면은 불안을 없애지 못하며 그림자를 더 짙게 만든다. 죽음을 똑바로 바라볼 때, 지금을 진실하게 살 수 있다. 마지막을 의식하면 오늘의 한순간도 소홀히 다룰 수 없기 때문이다. 죽음을 묻어버리는 것이 아니라, 삶의 한 자리에 놓을 때 평온이 찾아온다.

유한하기에 삶은 소중하다

"삶이 유한하기에 지금 이 순간이 더욱 귀하다."

『명상록』 2장 11절

아우렐리우스는 끊임없이 전쟁터를 오갔다. 그는 언제 죽을지 모르는 상황 속에서, 유한성이 오히려 삶을 더욱 값지게 한다는 사실을 배웠다.

"삶이 유한하기에 지금 이 순간이 더욱 귀하다."

삶이 영원하다면 지금 이 순간의 무게는 줄어들 것이다. 그러나 끝이 있기에 매 순간은 빛난다. 유한성은 삶을 허무하게 하지 않고, 오히려 더 귀하게 만든다. 죽음이 다가온다는 사실은 지금을 허투루 쓰지 않게 한다. 그래서 유한성은 삶을 소중히 여기게 하는 가장 큰 이유다.

오늘 하루를 마지막인 듯 살아라

"오늘을 마지막 날처럼 살아라.

내일은 누구에게도 약속되지 않았다."

『명상록』 7장 56절

삶의 끝은 예고 없이 찾아온다. 그러니 오늘을 마지막 날처럼 살아라. 내일을 기약하지 않는 마음으로 지금에 집중할 때, 비로소 삶은 가장 충실하게 빛난다. 아우렐리우스는 하루를 대하는 태도에 대해 이렇게 다짐했다.

"오늘을 마지막 날처럼 살아라. 내일은 누구에게도 약속되지 않았다."

마지막인 듯 사는 사람은 욕망에 휘둘리지 않는다. 더 많은 것을 얻으려는 조급함 대신, 지금 이 순간에 집중한다. 오늘이 인생의 마지막 날이라면 우리는 불필요한 걱정과 허영을 내려놓고 진실로 중요한 것을 붙들 것이다. 사랑하는 이에게 따뜻한 말을 건네고, 해야 할 일을 성실히 마무리하며, 하루를 감사로 채울 것이다. 죽음을 의식할 때 비로소 삶의 본질이 드러난다.

오늘의 말과 행동, 관계를 소중히 여기는 일은 곧 죽음을 준비하는 삶이다. 마지막을 생각하면 지금이 선명해지고, 매 순간이 새롭게 빛난다. 언젠가 끝이 있다는 사실이 우리를 더 살아 있게 만든다. 내일이 보장되지 않기에 오늘을 충실히 살아야 한다. 마지막을 두려워하지 않고 받아들일 때, 삶은 더 깊어지고 하루는 더 충만해진다. 그 태도야말로 영원을 사는 지혜다.

유한성은 인생의 스승이다

"끝이 있음을 아는 자만이 자신을 성찰할 수 있다."

『명상록』7장 69절

전장에서 늘 죽음을 가까이 본 아우렐리우스는, 생의 덧없음이 오히려 자신을 성찰하게 만든다고 기록했다. 그는 매 순간이 마지막일 수 있다는 사실을 배움의 근원으로 삼았다

"끝이 있음을 아는 자만이 자신을 성찰할 수 있다."

유한성은 인간에게 가장 냉정하면서도 가장 현명한 스승이다. 우리는 끝이 있음을 알기에 지금의 삶을 더 깊이 바라보고, 하루하루의 선택에 책임을 느낀다. 만약 영원히 살 수 있다면 절제도, 성찰도, 진정한 의미의 성장도 존재하지 않을 것이다. 죽음이라는 한계가 존재하기 때문에 우리는 겸허해지고, 순간의 가치를 깨닫게 된다. 유한성은 삶을 소중하게 만드는 경계이자, 존재의 진실을 일깨우는 경종이다.

죽음은 파멸이 아니라 깨달음의 문이다. 언젠가 끝이 온다는 사실이 우리를 정직하게 만들고, 말과 행동을 신중하게 하며, 관계를 따뜻하게 한다. 한순간의 방심이 모든 것을 잃게 할 수 있음을 아는 사람만이 진정으로 살아 있는 사람이다.

유한성은 허무를 주는 것이 아니라 성숙을 이끈다. 끝이 있기에 우리는 더 사랑하고, 더 배우며, 더 의미 있게 살아간다. 그것이 유한한 인간만이 가질 수 있는 지혜다.

죽음을 알면 욕망이 줄어든다

"죽음을 의식하면 욕망은 사라진다.

그것이 영혼을 자유롭게 한다."

『명상록』 4장 37절

아우렐리우스는 전쟁터에서 하루하루를 살아냈다. 언제 끝날지 모르는 싸움, 언제 닥칠지 모를 죽음 속에서 그는 생의 유한함을 깊이 깨달았다. 죽음의 그림자가 가까울수록 권력과 재물, 명예에 대한 욕망은 점점 무의미하게 느껴졌다.

"죽음을 의식하면 욕망은 사라진다. 그것이 영혼을 자유롭게 한다."

죽음을 생각하면 과도한 욕망이 힘을 잃는다. 언젠가 모든 것을 내려놓아야 한다는 사실 앞에서, 쌓아올린 부나 명예는 덧없음을 드러낸다. 죽음을 외면할수록 욕망은 자라나지만, 죽음을 직시할수록 마음은 단순해진다. 그때 우리는 지금 필

요한 것만 남기게 된다. 먹을 만큼의 음식, 입을 만큼의 옷,
나눌 만큼의 사랑 — 그 이상은 오히려 짐이 된다.

죽음을 의식하는 것은 절망이 아니라 해방이다. 삶의 끝
을 아는 사람만이 오늘을 진실하게 산다. 욕망은 여전히 남
아 있을지라도, 죽음을 아는 마음은 그것을 다스릴 힘을 준
다. 그때 비로소 마음은 가벼워지고, 영혼은 자유로워진다.

죽음은 삶의 완성이다

"죽음은 삶의 파괴가 아니라 완성이다."

『명상록』 6장 28절

삶은 죽음으로 완성된다. 끝이 있기에 이야기는 닫히고, 닫힘이 있기에 삶은 하나의 전체가 된다. 아우렐리우스는 죽음을 이렇게 받아들였다.

"죽음은 삶의 파괴가 아니라 완성이다."

죽음을 무너짐으로만 보면 공포가 앞선다. 그러나 죽음을 삶의 마지막 장으로 본다면, 그것은 자연스러운 완성이다. 꽃이 피어지는 것으로 식물이 완성되듯, 인간도 죽음으로 삶을 끝맺는다. 이 시각을 받아들이면 죽음은 두려움이 아니라 감사가 된다. 죽음을 생각할 때 우리는 삶을 더 아름답게 가꿀 수 있다. 마무리가 존재하기 때문에 그 과정 전체가 의미를 갖는다.

죽음은 모든 이에게 평등하다

"죽음은 모두에게 평등하다.

황제도 노예도 같은 길을 걷는다."

『명상록』 6장 24절

아우렐리우스는 권력의 정점에 있으면서도 죽음 앞에서는 자신이 한낱 인간일 뿐임을 잊지 않았다. 황제와 노예, 부자와 가난한 자, 권력자와 무력한 자 — 모두 결국 같은 길을 걷는다.

"죽음은 모두에게 평등하다. 황제도 노예도 같은 길을 걷는다."

죽음은 세상의 모든 구분을 지워버린다. 신분도, 부도, 명예도 그 앞에서는 아무런 힘을 갖지 못한다. 이 단순한 진리를 깨닫는 순간 교만은 무너지고, 겸손이 자리한다. 남을 부러워하거나 자신을 과시할 이유가 사라진다. 모두가 같은 종

착지로 향하고 있음을 아는 사람은 현재를 더 온전히 산다.

　죽음의 평등성은 삶을 단단히 붙드는 힘이 된다. 타인의 지위나 재산에 흔들리지 않고, 나 자신의 삶을 있는 그대로 받아들일 수 있게 한다. 그리고 이 깨달음은 역설적으로 삶을 더욱 빛나게 만든다. 죽음이 모든 이에게 평등하듯, 삶 또한 누구에게나 주어진 단 한 번뿐의 선물이다. 그 사실을 아는 순간, 우리는 비로소 진심으로 살아갈 수 있다..

삶과 죽음은 하나다

"삶과 죽음은 하나다.

그 사실을 알면 두려움은 사라진다."

『명상록』 4장 46절

삶과 죽음은 서로 맞서는 적이 아니다. 그것은 한 호흡의 들숨과 날숨처럼 이어진다. 아우렐리우스는 이 단순한 진리 속에서 인간의 평온을 보았다. 그는 죽음을 삶의 반대편에 두지 않았다. 오히려 삶의 일부로, 자연의 이치로 받아들였다.

"삶과 죽음은 하나다. 그 사실을 알면 두려움은 사라진다."

죽음을 두려워하는 이유는 그것을 '끝'으로 보기 때문이다. 그러나 죽음은 단절이 아니라 변형이며, 또 다른 순환의 시작이다. 낮이 지나 밤이 오는 것처럼, 죽음 또한 삶의 연속 속에 존재한다. 삶 속에는 이미 죽음의 씨앗이 있고, 죽음 속에서도 새로운 생명의 가능성이 움튼다.

이 사실을 깨달으면 죽음은 더 이상 공포의 대상이 아니다. 그것은 모든 존재가 거쳐야 할 자연의 질서이자 삶을 완성시키는 마지막 과정이다. 삶과 죽음을 하나로 볼 때 우리는 비로소 지금 이 순간을 더 깊이 사랑하게 된다. 죽음을 외면하지 않을 때, 삶은 오히려 더 빛난다.

죽음은 자유의 문이다

"죽음은 해방이며 자유의 문이다.

그것을 두려워하지 말라."

『명상록』 5장 29절

죽음은 모든 억압과 두려움에서 벗어나는 해방의 문이다. 그것은 소멸이 아니라 또 다른 자유로의 진입이며, 삶이 다하지 않고 형태를 달리해 계속 이어지는 과정이다. 죽음을 두려워하지 말라. 그 끝에는 새로운 시작이 기다린다. 아우렐리우스는 죽음을 이렇게 이해했다.

"죽음은 해방이며 자유의 문이다. 그것을 두려워하지 말라."

죽음은 끝이 아니라 새로운 자유의 문이다. 그것은 존재의 단절이 아니라, 한 형태의 삶이 다른 형태로 이어지는 변화의 순간이다. 육체의 한계를 벗어나 자연의 일부로 돌아가는 과정 속에서 우리는 더 큰 순환과 조화를 경험한다. 죽음은 사슬이 끊어지는 파멸이 아니라, 억압에서 벗어나는 해방이며, 영혼이 본래의 질서로 귀환하는 길이다. 그러므로 죽음을 두려워하기보다 경외해야 한다.

삶이 주어진 시간 속에 갇혀 있다면, 죽음은 그 시간을 넘어서는 통로다. 모든 생명은 죽음을 통해 완성되며, 그 순환 안에서 존재의 의미를 얻는다. 나의 호흡이 멈추는 순간에도 세상은 숨 쉬고, 그 숨결 속에서 나는 다른 형태로 남는다. 죽음을 자유의 문으로 바라볼 때, 우리는 삶을 더 가볍고 겸허하게 대하게 된다. 그것은 끝이 아니라 또 다른 시작이며, 존재가 자연과 하나로 녹아드는 가장 평온한 순간이다.

죽음은 삶의 또 다른 이름이다

"죽음은 삶의 반대가 아니라,

삶의 다른 이름이다."

『명상록』 6장 28절

죽음은 삶의 반대가 아니다. 그것은 같은 존재의 또 다른 얼굴이다. 죽음을 이해할 때 비로소 삶의 본질이 드러나고, 두려움은 지혜로 바뀐다. 아우렐리우스는 죽음을 이렇게 보았다.

"죽음은 삶의 반대가 아니라, 삶의 다른 이름이다."

삶은 단절과 연결이 교차하는 여정이다. 기쁨과 슬픔, 탄생과 죽음이 서로를 비추며 하나의 흐름을 이룬다. 죽음을 삶의 끝이라 여기면 두려움이 생기지만, 그것을 삶의 일부로 받아들이면 평온이 찾아온다. 낮이 사라져야 밤이 오고, 밤이 지나야 새벽이 오듯, 죽음 또한 생의 순환 속 한 장면일 뿐이다. 그것은 닫힘이 아니라 옮김이며, 끝이 아니라 이어짐이다. 문이 닫히는 순간, 다른 문이 열리고 그 너머에 또 다른 형태의 삶이 기다린다.

이 진리를 깨달을 때 우리는 죽음을 두려워하지 않고, 매 순간을 더 충실히 살아갈 수 있다. 죽음을 삶 속에 품을 때, 비로소 삶은 완전해진다.

PART 8
덕과 지혜의 길

덕은 남이 아닌 내 안에서 시작된다

"덕은 외부에서 오는 것이 아니다.

내 안의 양심에서 자라난다."

『명상록』 6장 44절

황제로서 아우렐리우스는 수많은 충고를 들었지만, 그는 외부의 조언에 휘둘리지 않았다. 진정한 덕은 남의 말이 아니라 스스로의 양심에서 길러야 한다고 믿었다.

"덕은 외부에서 오는 것이 아니다. 내 안의 양심에서 자라난다."

덕은 남에게서 빌려올 수 없다. 누군가의 칭찬이나 인정이 나를 덕 있는 사람으로 만들어주지 않는다. 덕은 오직 내 마음에서 시작된다. 내가 옳다고 여기는 길을 선택하고, 유혹의 순간마다 스스로를 단련할 때 비로소 덕은 자란다. 외부의 평가에 의존하는 덕은 상황이 바뀌면 쉽게 무너진다. 그

러나 내 양심에서 비롯된 덕은 어떤 시련 속에서도 흔들리
지 않는다.

아우렐리우스는 황제로서 수많은 목소리 속에 살았지만,
결국 자신을 이끈 것은 내면의 양심이었다. 진정한 덕이란
타인의 눈이 아닌 스스로의 마음을 기준으로 삼는 삶이다.
그러므로 덕을 쌓고자 한다면 먼저 자기 안으로 향해야 한
다. 덕의 뿌리는 언제나 밖이 아니라, 내 안에 있다.

작은 덕이 큰 삶을 만든다

"작은 덕을 소중히 여겨라.

그것이 큰 삶을 만든다."

『명상록』 6장 30절

작은 덕은 눈에 띄지 않지만, 그 힘은 크다. 작은 선행이 쌓일 때 인격은 단단해지고, 하루의 진심이 모여 평생의 품격이 된다. 위대한 삶은 언제나 사소한 선에서 시작된다. 아우렐리우스는 덕의 시작에 대해 이렇게 일깨웠다.

"작은 덕을 소중히 여겨라. 그것이 큰 삶을 만든다."

매일의 작은 정직, 작은 인내, 작은 친절이 모여 인격의 기초를 세운다. 사람의 품격은 거창한 결단보다 평범한 날들의 선택에서 드러난다. 큰 덕을 이룬 사람이라 해도 그 시작은 아주 작았다. 아침의 인사, 약속을 지키는 태도, 타인을 배려하는 한마디―그 모든 사소한 행위가 마음의 근육을 단단하게 만든다. 거대한 덕목은 하루아침에 세워지지 않는다. 그것은 수많은 작은 선택들이 모여 만들어낸 결과다.

작은 행동들은 때로 아무 의미 없어 보이지만, 시간이 흐르면 그것이 곧 인생의 결이 된다. 오늘의 작은 친절이 내일의 관계를 바꾸고, 오늘의 정직이 미래의 신뢰를 쌓는다. 덕이란 특별한 순간에 드러나는 것이 아니라, 일상 속에서 습관처럼 이어질 때 비로소 완성된다. 그러니 사소한 덕을 가볍게 여기지 말라. 그것이 쌓여 큰 삶을 이루고, 작은 선택 하나가 결국 내일의 나를 만든다.

덕은 습관에서 자란다

"덕은 반복된 실천에서 자란다. 습관이 성품이다."

『명상록』5장 16절

황제로서 아우렐리우스는 화려한 권력 속에서도 매일의 작은 습관을 중요시했다. 그는 글을 쓰고, 자신을 돌아보고, 사소한 덕행을 실천하며 덕을 길렀다.

"덕은 반복된 실천에서 자란다. 습관이 성품이다."

덕은 거창한 선언에서 오지 않는다. 반복되는 일상 속 작은 행동이 쌓여 습관이 될 때 덕은 비로소 내 것이 된다. 참을성 있게 듣는 습관, 사소한 친절을 베푸는 습관, 진실을 말하는 습관이 나를 덕 있는 사람으로 만든다.

한 번의 선택은 우연일 수 있지만, 그것이 반복되면 습관이 되고, 습관은 결국 성품이 된다. 덕은 이렇게 길러진다.

올바름이 최고의 길이다

"올바름이 최고의 길이다.

그 길을 따를 때 영혼은 흔들리지 않는다."

『명상록』 4장 3절

황제로서 수많은 선택 앞에 섰던 아우렐리우스는, 권력의 유혹이나 편리함보다 올바름을 기준으로 삼으려 했다. 그 기준이 없었다면 그는 끝없는 혼란에 빠졌을 것이다.

"올바름이 최고의 길이다. 그 길을 따를 때 영혼은 흔들리지 않는다."

삶에는 수많은 길이 있다. 빠른 길, 편한 길, 이익이 되는 길. 그러나 올바르지 않은 길은 결국 나를 무너뜨린다. 올바름은 때로 더디고 힘든 길처럼 보이지만, 그것이야말로 가장 확실하고 안전한 길이다. 올바름은 인간을 인간답게 만드는 힘이다. 그것을 지키는 순간, 삶은 단단한 뿌리를 갖게 된다.

올바름은 변하지 않는다

"올바름은 변하지 않는다.

그것이 삶의 나침반이다."

『명상록』 4.3

세상의 기준은 끊임없이 변한다. 권력과 이익, 유행에 따라 옳고 그름이 뒤바뀌는 시대 속에서도 변하지 않는 것이 있다. 아우렐리우스는 그것을 '올바름'이라 불렀다. 세상이 요동쳐도 올바름만은 흔들리지 않는 기준이며, 인간이 의지해야 할 유일한 나침반이라 말했다.

"올바름은 변하지 않는다. 그것이 삶의 나침반이다.

올바름은 때로 손해처럼 보인다. 진실을 말한 사람이 비난받고, 정직한 선택이 불이익으로 돌아올 때 우리는 흔들린다. 그러나 그것은 순간일 뿐, 시간이 흐르면 진실만이 남는다. 변하는 세상 속에서도 올바름을 지키는 사람은 외로워 보여도 결국 평온에 닿는다. 아우렐리우스는 권력의 정점에 있었지만, 그 어떤 유혹에도 흔들리지 않았다. 그는 "올바름은 변하지 않는다. 그것이 삶의 나침반이다"라며 스스로를 다스렸다.

　세상의 기준은 끊임없이 변하고, 오늘의 정의가 내일은 무너질 수도 있다. 하지만 올바름은 외부의 평가에 따라 달라지지 않는다. 그것은 마음속 깊은 양심에서 비롯된 진리다. 세상이 흔들릴수록 더욱 붙들어야 할 것은 성공이 아니라 올바름이다. 그것이야말로 인간이 인간답게 사는 유일한 길이며, 혼란 속에서도 방향을 잃지 않게 하는 내면의 빛이다.

덕을 쌓는 것이 곧 힘이다

"덕은 가장 큰 힘이다.

그것을 지닌 자는 흔들리지 않는다."

『명상록』 4장 3절

힘은 근육이나 권력에서 비롯되지 않는다. 진정한 힘은 덕에서 나온다. 권세는 잠시 빛나지만 덕은 오래 남는다. 덕을 쌓는 사람은 어떤 시련 앞에서도 무너지지 않는다. 평정한 마음이야말로 가장 강한 힘이다. 그는 진정한 강함을 이렇게 정의했다.

"덕은 가장 큰 힘이다. 그것을 지닌 자는 흔들리지 않는다."

권력은 언제든 빼앗길 수 있고, 재산은 하루아침에 사라질 수 있다. 그러나 덕은 외부의 힘이 아니라 내면에 뿌리내린 자산이기에 결코 잃지 않는다. 덕을 지닌 사람은 역경 속에서도 흔들리지 않고, 유혹 앞에서도 스스로를 지킨다. 그것은 눈에 보이지 않지만 어떤 무기보다 강력한 방패다. 세상의 힘은 일시적이지만, 덕의 힘은 영속적이다. 그것이야말로 삶을 지탱하는 진짜 힘이다.

덕을 쌓는 힘은 한순간에 이루어지지 않는다. 작은 인내, 작은 정직, 진심 어린 선택들이 매일의 반복 속에서 쌓여 단단해진다. 권력은 타인을 제압하지만, 덕은 사람의 마음을 얻는다. 외적인 힘이 세상을 움직인다면, 내적인 힘은 세상을 바르게 세운다. 덕을 쌓는 일은 느리지만, 그 결실은 결코 사라지지 않는다.

결국 진정한 강함은 지배가 아니라 품음에서 나오며, 그 중심에는 언제나 덕이 있다.

덕은 자유의 근원이다

"덕은 곧 자유다. 덕을 잃은 자유는 방종이지만,

덕을 따른 자유는 평온하다."

『명상록』 6장 16절

많은 사람들은 자유를 외부의 조건에서 찾는다. 부나 지위, 환경이 자유를 보장해줄 것이라 믿지만, 그것은 착각이다. 진정한 자유는 외부가 아니라 내면에서 비롯된다. 마음이 흔들리지 않을 때, 비로소 자유로워진다. 아우렐리우스는 덕과 자유의 관계를 이렇게 밝혔다.

"덕은 곧 자유다. 덕을 잃은 자유는 방종이지만, 덕을 따른 자유는 평온하다."

욕망과 두려움, 타인의 시선에 끌려다니는 사람은 결코 자유롭지 않다. 아무 제약이 없는 듯 보여도, 그 마음이 불안과 비교 속에 묶여 있다면 이미 속박된 것이다. 자유는 외부의 조건이 아니라 내면의 평정에서 비롯된다. 덕을 잃은 자유는 방종으로 흐르지만, 덕을 따른 자유는 의연하고 단단하다. 외부의 억압 속에서도 덕을 지닌 사람은 흔들리지 않는다. 그의 마음은 스스로를 다스리는 힘으로부터 자유를 얻는다.

덕은 내면을 지키는 가장 확실한 힘이다. 그것은 유혹을 이겨내는 기준이자, 혼란 속에서도 방향을 잃지 않게 하는 나침반이다. 올바름을 기준으로 선택하고 행동할 때, 마음은 외부의 평가나 결과에 흔들리지 않는다. 그때 비로소 우리는 진정한 자유를 경험한다.

자유란 하고 싶은 대로 사는 것이 아니라, 해야 할 일을 기꺼이 선택하는 힘이다. 덕을 붙들 때, 그 어떤 폭풍 속에서도 마음은 평온하다. 그것이야말로 가장 깊은 자유다.

덕은 행복의 근원이다

"행복은 외부의 것이 아니라 덕에서 자란다."

『명상록』 6장 42절

행복은 외부의 조건에서 오지 않는다. 부나 권력, 명예가 잠시 기쁨을 줄 수 있지만, 그것들은 금세 사라진다. 아우렐리우스는 행복의 근원을 이렇게 가르쳤다.

"행복은 외부의 것이 아니라 덕에서 자란다."

덕을 쌓는 삶은 흔들림이 없다. 남이 빼앗을 수 없고, 시대의 변화에도 무너지지 않는다. 마음속에 올바름을 지키는 것, 그것이 곧 행복의 근원이다. 덕을 따라 사는 사람은 외부의 불행 속에서도 평온을 유지할 수 있다. 왜냐하면 그의 기쁨은 남의 시선이나 상황이 아니라, 자신의 내면에서 나오기 때문이다. 행복을 찾고 싶다면 덕을 먼저 세워야 한다.

지혜는 고통 속에서 피어난다

"고통은 지혜의 토양이다.

그것을 통해 영혼은 성장한다."

『명상록』 10장 3절

아우렐리우스는 황제의 자리에서 전쟁, 역병, 배신을 경험했다. 그는 그 고통 속에서 단순히 상처만 입은 것이 아니라, 오히려 지혜가 자라난다고 기록했다.

"고통은 지혜의 토양이다. 그것을 통해 영혼은 성장한다."

고통은 우리를 무너뜨리는 것처럼 보이지만, 동시에 성찰의 기회를 준다. 기쁨 속에서는 배우기 어렵지만, 시련 속에서는 자신과 세상을 깊이 이해하게 된다. 아우렐리우스가 강조한 것은 바로 이 점이다. 지혜는 편안함에서가 아니라, 고통 속에서 더 또렷하게 드러난다.

실패와 상실을 경험할 때 우리는 진짜로 중요한 것이 무엇인지 깨닫는다. 이 깨달음이 곧 지혜다. 고통은 피하고 싶은 것이지만, 피하지 않고 마주할 때 비로소 성장의 토양이 된다.

고통을 두려움으로만 보지 말고, 지혜를 키우는 과정으로 이해해야 한다.

실천에서 자라는 지혜

"지혜는 실천에서 자란다. 행동 속에서만 완성된다."

『명상록』 9장 7절

지혜는 머리로 쌓는 것이 아니라 몸으로 살아내는 과정에서 자란다. 실천하지 않은 지식은 공허한 이론일 뿐이다. 행동 속에서 부딪히고 깨지며 얻은 깨달음이야말로 진짜 지혜다. 생각에 머물지 말고 실천으로 옮겨라. 아우렐리우스는 지혜를 이렇게 배웠다.

"지혜는 실천에서 자란다. 행동 속에서만 완성된다.

아무리 많은 책을 읽고 깊은 사유를 한다 해도, 그것이 행동으로 이어지지 않으면 지혜가 되지 않는다. 머리로만 아는 지식은 현실을 바꾸지 못한다.

지혜는 생각의 결과가 아니라 경험의 산물이다. 삶 속에서 직접 부딪히고, 선택하고, 책임지는 과정 속에서만 단단해진다.

실천은 늘 불확실함과 실패를 동반하지만, 그 실패야말로 가장 값진 배움의 기회다. 행동하지 않으면 배움은 죽은 지식으로 남는다.

지혜는 머리에서 시작되지만, 손과 발로 완성된다. 작은 시도 하나가 큰 통찰로 이어지고, 시행착오 속에서 삶의 질서는 조금씩 다듬어진다.

실천하지 않는 사람은 영원히 준비만 하다 멈춰서지만, 행동하는 사람은 비틀거리며 나아가며 성장한다. 그러니 주저하지 말고 움직여라. 실천은 완벽하지 않아도 된다. 중요한 것은 시작하는 용기다. 지혜는 책장이 아니라 삶 속에서, 살아낸 흔적 속에서 자란다.

지혜는 마음의 평정에서 자란다

"지혜는 고요한 마음에서 자란다.

평정이 모든 통찰의 시작이다."

『명상록』 4장 49절

지혜는 많은 지식을 쌓는 데서 자라지 않는다. 마음이 고요할 때 비로소 깊어진다. 분노와 혼란 속에서는 올바른 판단이 나오지 않는다. 평정한 마음이야말로 지혜의 뿌리이자 모든 통찰의 시작이다. 아우렐리우스는 마음의 평정을 이렇게 보았다.

"지혜는 고요한 마음에서 자란다. 평정이 모든 통찰의 시작이다."

혼란과 분노에 휩싸인 마음에서는 결코 올바른 판단이 나오지 않는다. 마음이 요동칠수록 시야는 좁아지고, 감정의 파도에 가려 사물의 본질을 보지 못하게 된다. 반면 마음이

고요할 때 우리는 세상을 더 선명하게 바라보고, 자신을 객관적으로 성찰할 수 있다. 고요함은 단순한 무감각이 아니라, 외부의 소란 속에서도 중심을 지키는 내면의 힘이다. 그 평정함 속에서 비로소 지혜가 자란다.

평정은 단순히 감정을 억누르는 태도가 아니라, 감정에 휘둘리지 않고 바라볼 수 있는 성숙한 시선이다. 마음이 흔들리지 않을 때 우리는 작은 일 속에서도 큰 진리를 배운다.

하루의 평정을 잃지 않는 사람이야말로 가장 현명한 사람이다. 지혜는 지식의 양이 아니라 마음의 깊이에서 비롯된다. 그러므로 지혜를 원한다면 먼저 마음을 다스려야 한다. 평온한 마음이야말로 모든 통찰의 토양이며, 그 위에서만 참된 깨달음이 자라난다.

PART 9
자기 성찰과 훈련

성찰은 하루의 시작이자 영혼의 빛이다

"하루가 저물 때마다 나 자신을 돌아보라.

오늘의 행위가 내 영혼을 말해준다."

『명상록』 5장 31절

아우렐리우스는 하루의 기록을 남기는 습관을 갖고 있었다. 그는 전쟁터의 천막 속에서도, 황제의 궁정 속에서도 자신이 한 말과 행동을 점검하며 글로 남겼다. 혼란스러운 세상 속에서도 자신을 잃지 않기 위해, 그는 매일의 끝에서 마음을 다잡았다. 성찰은 그에게 단순한 반성이 아니라 영혼을 밝히는 훈련이었다.

"하루가 저물 때마다 나 자신을 돌아보라. 오늘의 행위가 내 영혼을 말해준다."

성찰은 하루하루를 다르게 만든다. 오늘의 잘못을 돌아보면 내일은 같은 실수를 반복하지 않는다. 잘한 일을 돌아보면 그것이 다시 힘이 되어 내일의 선택을 이끈다. 매일의 성찰은 작은 발걸음 같지만, 그 발걸음이 쌓여 인격을 단단하게 세운다.

성찰은 영혼을 비추는 빛이다. 빛이 있어야 길을 볼 수 있듯, 성찰이 있어야 삶의 방향을 분명히 할 수 있다. 성찰 없는 영혼은 어둠 속을 걷는 것과 같아 쉽게 길을 잃는다. 하루의 끝에 자신을 돌아보는 일은 내면의 빛을 밝히는 일이며, 그 빛을 통해 우리는 혼란 속에서도 자신을 잃지 않는다.

하루를 점검하지 않는 삶은 흘러가는 물과 같다. 그러나 매일의 성찰은 삶을 단단히 붙잡는다. 오늘의 점검이 내일의 방향이 되고, 매일의 반성이 곧 성장의 밑거름이 된다. 성찰은 과거를 돌아보는 데서 그치지 않는다. 그것은 현재를 분별하게 하고, 미래의 선택을 명확히 만든다. 저녁의 짧은 성찰이 하루를 맑히고, 그 하루가 모여 한 사람의 삶을 빛나게 한다.

삶을 돌아보며 배워라

"삶을 돌아보라. 경험은 성찰 아래 지혜로 변한다."

『명상록』 6장 48절

아우렐리우스는 자신의 일기 속에서 하루의 경험을 돌아보며 거기서 교훈을 얻었다. 그는 실수를 숨기지 않고 기록했고, 그것을 성장의 발판으로 삼았다.

"삶을 돌아보라. 경험은 성찰 아래 지혜로 변한다."

삶을 돌아보지 않는다면, 경험은 흘러가고 만다. 그러나 성찰하는 사람은 같은 경험 속에서도 배움을 얻는다. 실패는 단순한 상처로 남지 않고, 교훈이 된다. 성공은 자만으로 흐르지 않고, 겸손의 계기가 된다. 삶을 돌아본다는 것은 시간을 되돌리는 것이 아니라, 지나간 시간을 통해 내일을 준비하는 것이다. 성찰 없는 삶은 반복이고, 성찰 있는 삶은 진보다.

내 잘못을 숨기지 말라

"잘못을 숨기지 말라.

인정이 곧 회복의 시작이다."

『명상록』 6장 21절

잘못을 숨기면 양심은 불안해지고, 영혼은 점점 어두워진다. 실수보다 더 큰 죄는 그것을 인정하지 않는 데 있다. 잘못을 감추면 죄책감이 마음을 갉아먹지만, 솔직히 고백하는 순간 마음은 다시 자유를 얻는다. 아우렐리우스는 진실을 숨기지 않는 용기를 이렇게 말했다.

"잘못을 숨기지 말라. 인정이 곧 회복의 시작이다."

인간이라면 누구나 실수한다. 완벽하지 않다는 사실이 부끄러운 것이 아니라, 그 실수를 감추려는 태도가 문제다. 잘못을 숨기면 죄책감은 서서히 자라나 마음을 옥죄고, 양심은 흔들리며 영혼은 어둡게 변한다. 스스로를 속이기 시작하면 결국 자신조차 믿을 수 없게 된다. 반대로 잘못을 인정하는 순간, 마음은 다시 맑아지고 자유로워진다. 진실은 때로 불편하지만, 그 불편함을 통과할 때 비로소 치유가 시작된다.

잘못을 숨기지 않는 사람은 약한 사람이 아니라 용기 있는 사람이다. 자신의 허물을 인정하는 것은 자존심을 버리는 일이 아니라, 진정한 자존을 되찾는 일이다. 잘못을 고백하는 순간, 인간은 다시 배움의 길 위에 선다. 그것은 자신을 바로잡을 기회이자, 타인에게도 진실함과 신뢰를 주는 행동이다

실수를 부정하지 말고, 그것을 성장의 밑거름으로 삼아라. 인정은 약점이 아니라, 영혼이 다시 빛을 찾는 첫걸음이다. 잘못을 감추는 사람은 두렵지만, 인정하는 사람은 자유롭다.

나약함을 인정하라

"자신의 연약함을 인정하라.

그것이야말로 강함의 시작이다."

『명상록』 7장 71절

나약함을 감추려는 사람은 그 약점에 더 쉽게 휘둘린다. 그러나 자신의 연약함을 인정하는 순간, 그것을 통제할 힘이 생긴다. 진정한 강함은 완벽함이 아니라, 부족함을 담담히 받아들이는 데서 시작된다. 아우렐리우스는 연약함 속에서 강함을 보았다.

"자신의 연약함을 인정하라. 그것이야말로 강함의 시작이다."

완벽을 가장하려는 사람은 작은 흠에도 흔들린다. 실수를 부정할수록 불안은 커지고, 자신을 숨기려 할수록 마음은 점점 갇힌다. 그러나 연약함을 받아들이는 사람은 실패 앞에서도 무너지지 않는다. 그는 자신의 불완전함을 인정하기에 오히려 담대해진다. 나약함을 직시한다는 것은 무력함의 표현이 아니라 성숙의 출발이다. 진정한 용기는 약점을 숨기지 않고 마주보는 데 있다.

인간은 누구나 불완전하다. 그 결핍이 있기에 성장할 수 있고, 부족함이 있기에 타인과 손을 잡는다. 완벽한 존재는 배움이 없지만, 부족한 존재는 계속해서 나아간다. 나약함을 인정하면 타인에 대한 연민이 자라고, 자신에 대한 이해가 깊어진다. 그것은 자존감을 무너뜨리는 일이 아니라, 오히려 자존감을 단단히 세우는 과정이다.

나약함을 숨기지 말라. 그 안에는 강함으로 향하는 문이 있다. 진짜 용기는 완벽이 아니라, 진심으로 자신을 받아들이는 데서 피어난다.

욕망을 기록하라

“욕망을 글로 적어라.

기록하는 순간, 그것은 힘을 잃는다.”

『명상록』 7장 28절

아우렐리우스는 글쓰기를 단순한 사유의 기록이 아니라, 자기 통제의 도구로 삼았다. 그는 자신의 마음속에서 일어나는 욕망과 분노, 불안과 집착을 숨기지 않았다. 대신 그것들을 글로 적어 내려가며 하나씩 마주했다.

“욕망을 글로 적어라. 기록하는 순간, 그것은 힘을 잃는다.”

욕망은 숨길수록 커지고, 드러낼수록 작아진다. 기록은 욕망을 객관화하고, 나와 그것을 분리한다. ‘나는 지금 이만큼의 욕망을 느끼고 있다’라고 적는 순간, 욕망은 더 이상 나의 주인이 아니라 관찰의 대상이 된다. 글로 쓰는 행위는 마

음의 혼란을 질서로 바꾸는 과정이며, 욕망을 제어하는 가장
단순하면서도 강력한 방법이다.

기록된 욕망은 더 이상 나를 휘두르지 못한다. 오히려 그
것을 바라보는 시선이 생기고, 그 시선 속에서 내면의 평정
이 자란다. 글쓰기는 생각의 거울이자 영혼의 정화다. 욕망
을 기록하는 일은 결국 자신을 이해하고 다스리는 첫 걸음
이 된다.

훈련과 절제가 덕을 완성한다

"덕은 훈련 속에 자라고,

실천 없는 덕은 공허하다."

『명상록』6장 13절

아우렐리우스는 황제의 권력 속에서도 스스로를 단련했다. 그는 충동을 억누르고, 감정에 휩쓸리지 않으며, 매 순간 절제를 훈련처럼 실천했다. 세상을 다스리기보다 먼저 자신을 다스리는 일, 그것이 진정한 덕의 시작이었다. 절제와 훈련은 그의 삶을 단단히 붙드는 두 개의 기둥이었다.

"덕은 훈련 속에 자라고, 실천 없는 덕은 공허하다."

덕을 쌓는다는 것은 욕망과 충동을 이겨내는 일이다. 유혹을 거절하고, 감정을 다스리며, 옳음을 선택하는 순간마다 우리의 내면은 단단해진다.

또한, 절제는 속박이 아니라 자유의 다른 이름이다. 충동에 끌려 다니는 사람은 자유롭지 않으며 순간의 욕망에 지배당한다. 그러나 절제를 통해 자신을 다스리는 사람은 어떤 상황에서도 주인이 된다. 절제는 억압이 아니라 해방이며, 훈련은 그 해방을 지속시키는 힘이다.

훈련이 덕의 뿌리를 내리게 하고, 절제가 그 열매를 지켜낸다. 하루의 절제, 한순간의 인내가 모여 평생의 품격이 된다. 덕은 이론으로 배우는 것이 아니라, 반복된 실천 속에서 몸에 새겨지는 것이다. 꾸준히 자신을 훈련하고 절제할 때, 우리는 더 자유롭고 고귀한 존재로 성장한다. 훈련과 절제 그것이 덕을 완성하는 길이다.

고통 속에서 마음의 근육을 단련하라

"고통은 영혼의 연금술이다.

시련이 너를 정화시킨다."

『명상록』 8장 36절

전쟁과 역병, 정치적 음모 속에서 아우렐리우스는 수많은 고통을 경험했다. 그러나 그는 그 고통이 자신을 약하게 한 것이 아니라, 오히려 더 단단하게 만들었다고 기록했다.

"고통은 영혼의 연금술이다. 시련이 너를 정화시킨다."

고통은 피하고 싶은 것이지만, 그는 그것을 단련의 기회로 보았다. 근육이 저항을 통해 강해지듯, 영혼도 고통을 통해 단단해진다.

몸이 훈련으로 강해지듯, 마음도 단련을 통해 자란다. 한 번의 결심이 아니라 매일의 절제와 인내가 마음의 근육을 만든다. 작은 고통을 견디는 힘이 쌓일 때 우리는 어떤 시련에도 쉽게 무너지지 않는다. 반복된 인내는 영혼의 근육을 키우는 훈련이며, 그 힘은 외부의 혼란 속에서도 흔들리지 않는 중심을 세운다.

삶에서 고통을 피할 수는 없다. 그러나 그것을 두려움으로 볼 것인가, 단련의 기회로 볼 것인가는 우리의 선택이다. 작은 어려움을 견디고 절제하는 연습이 쌓일수록 마음은 단단해진다. 단련된 마음은 시련을 피하지 않고, 오히려 그 안에서 성장할 줄 안다.

마음의 근육은 하루의 실천에서 자란다. 스스로를 돌아보는 묵상, 감정을 다스리는 절제, 포기하지 않는 꾸준함이 마음을 강하게 만든다. 삶의 폭풍은 누구에게나 오지만, 단련된 마음은 그 속에서도 중심을 잃지 않는다.

고통은 불행의 징표가 아니라 성장의 증표다. 고통 속에서 마음을 단련하라. 그것이야말로 흔들리지 않는 영혼의 힘이다.

작은 습관으로 매일 조금씩 나아가라

"사소한 습관이 영혼을 형성하고,

반복된 생각이 인격을 세운다."

『명상록』 5장 16절

아우렐리우스는 인간을 형성하는 힘이 '습관'에 있다고 말했다. 그는 위대한 변화가 결심이 아니라 꾸준한 반복에서 비롯된다고 보았다. 전쟁터의 황제였던 그는 하루의 혼란 속에서도 스스로를 다잡는 작은 습관을 지켰다. 정직하게 말하는 습관, 분노를 삼키는 습관, 아침마다 자신을 돌아보는 습관. 이 단순한 반복들이 그를 지탱하는 기둥이 되었다.

"사소한 습관이 영혼을 형성하고, 반복된 생각이 인격을 세운다."

거대한 성취는 한순간에 이루어지지 않는다. 변화는 단번의 결심이 아니라, 매일의 작고 꾸준한 실천에서 자란다. 정직과 절제가 쌓여 덕이 되고, 반복된 사려 깊음이 지혜로 자란다. 하루의 말 한마디, 사소한 행동 하나가 결국 삶의 질서를 세운다. 습관은 우리의 성향을 만들고, 그 성향이 다시 운명을 결정한다.

조금씩 나아가는 삶은 느리지만 단단하다. 완벽을 향해 조급해하기보다, 어제보다 한 걸음 더 나아가려는 의지가 중요하다. 오늘의 한 걸음이 쌓이고 내일의 깨달음이 더해질 때, 진정한 성장은 눈에 띄지 않게 다가온다. 매일의 습관이 생각을 바꾸고, 생각이 행동을 바꾸며, 행동이 결국 나를 새롭게 만든다.

성장은 타인과의 비교가 아니라 자신과의 대화에서 비롯된다. 빠름보다 중요한 것은 지속이다. 하루의 작은 습관이 모이면 어느새 스스로도 놀랄 만큼 달라져 있을 것이다. 사소함을 가볍게 여기지 말라. 느리더라도 멈추지 않는 걸음이 결국 완전함에 이른다. 매일의 작은 습관이 큰 변화를 만든다.

꾸준함이 최고의 무기다

"꾸준함은 재능을 이기고,

성실함은 운명을 바꾼다."

『명상록』 6장 30절

위대한 성취는 타고난 재능보다 꾸준한 실천에서 나온다. 재능은 시작을 돕지만, 꾸준함은 끝까지 가게 한다. 매일의 반복된 노력이 쌓여 비로소 단단한 힘이 된다. 꾸준함은 평범함을 위대함으로 바꾼다. 아우렐리우스는 꾸준함 속에서 진정한 힘을 보았다.

"꾸준함은 재능을 이기고, 성실함은 운명을 바꾼다."

한 번의 결심은 누구나 할 수 있다. 하지만 그 결심을 매일 지켜내는 일은 어렵다. 꾸준함은 처음에는 눈에 띄지 않지만, 시간이 지나면 그 어떤 재능보다 강한 힘이 된다. 뛰어난 재능은 한순간의 성과를 만들지만, 꾸준함은 평생의 성

취를 만든다. 작은 성찰의 습관, 사소한 선행, 반복된 절제
는 그 자체로는 미미해 보일지라도, 결국 삶의 기초를 단단
하게 세운다.

꾸준함은 곧 신뢰다. 자신과의 약속을 지키는 힘이며, 타
인에게 믿음을 주는 성품이다. 매일의 반복 속에서 우리는
자신을 단련하고, 흔들림 속에서도 중심을 세운다. 꾸준함이
쌓이면 결과는 자연스럽게 따라온다. 그것은 천재의 번뜩임
이 아닌, 성실한 한 걸음이 만든 기적이다. 하루의 꾸준함이
모이게 되면 결국 운명조차 바꿀 수 있다.

위대한 성취는 재능이 아니라 성실의 지속에서 비롯된다.
그러니 조급해하지 말고, 오늘의 한 걸음을 멈추지 말라. 그
것이 진짜 강함이다.

실천이 없는 생각은 공허하다

"행동 없는 사유는 공허하다.
철학은 실천에서 완성된다."

『명상록』 6장 30절

아우렐리우스는 사유를 삶으로 증명한 철학자였다. 그는 황제의 자리에서 수많은 전쟁과 혼란, 배신과 고통을 마주했지만, 그 속에서도 철학을 행동으로 옮겼다. 사유는 그에게 머릿속의 사치가 아니라, 현실을 이겨내기 위한 도구였다.

"행동 없는 사유는 공허하다. 철학은 실천에서 완성된다."

생각만으로는 세상이 바뀌지 않는다. 아무리 정교한 통찰이라도 행동이 따르지 않으면 그것은 공허한 울림에 불과하다. 실천은 철학을 현실로 끌어내리는 힘이며, 삶의 진정성을 증명하는 과정이다. 머릿속에서만 맴도는 지혜는 불씨 없는 횃불과 같다. 빛나지도, 따뜻하지도 못하다.

그러나 실천으로 이어진 사유는 사람의 삶을 바꾸는 등불이 된다. 작은 결심이라도 행동으로 옮길 때, 철학은 생명을 얻는다. 아우렐리우스가 남긴 말들이 오늘날까지 울림을 가지는 이유도 그가 그것을 '살아낸' 사람이었기 때문이다. 그는 글로 철학을 전한 것이 아니라, 삶으로 철학을 완성했다..

 자기 성찰과 훈련

PART 10
삶의 태도와 실천

일은 의무가 아니라 의미다

“일은 의무가 아니라 의미다.

의미를 발견할 때 노동은 기쁨이 된다.”

『명상록』 6장 7절

우리는 종종 일을 짐처럼 여기지만, 일은 단순한 생존의 수단이 아니다. 의미를 발견하면 일은 고통이 아니라 성장의 기회가 된다. 같은 일이라도 불평으로 하면 짐이 되고, 감사로 하면 선물이 된다. 태도가 일을 바꾼다. 아우렐리우스는 노동을 인간이 자신을 증명하는 장으로 보았다.

“일은 의무가 아니라 의미다. 의미를 발견할 때 노동은 기쁨이 된다.”

많은 사람은 일을 ‘해야만 하는 일’로 여긴다. 그래서 일은 곧 피로의 원인이 되고, 하루의 무게를 더하는 짐처럼 느져진다. 그러나 일은 생존의 수단이 아니라 존재를 증명하는 과정이다. 일은 나의 능력과 성실, 그리고 내면의 질서를 드러내는 무대다.

의무로만 여기는 일은 쉽게 지치지만, 의미를 발견한 일은 오히려 힘을 준다. 내가 왜 이 일을 하는가를 깨닫는 순간, 노동은 고통이 아니라 성장을 위한 훈련이 된다. 일은 인내를 가르치고, 책임을 단련하며, 세상 속에서 나의 자리를 확인하게 한다.

같은 일이라도 시선이 다르면 완전히 달라진다. 불평으로 하면 짐이 되고, 감사로 하면 선물이 된다. 일은 단순히 돈을 버는 행위가 아니라, 나 자신을 완성해가는 여정이다. 의무에서 의미로, 생존에서 성장으로. 그 시선을 바꿀 때, 일은 더 이상 삶의 짐이 아니라 삶의 기쁨이 된다.

소유보다 존재에 집중하라

"소유보다 존재에 집중하라.

가진 것이 아니라 어떤 사람인가가 중요하다."

『명상록』 6장 44절

사람들은 더 많이 가지려 애쓰지만, 소유는 언제든 사라질 수 있다. 진정한 평온은 소유가 아니라 존재에서 온다. 무엇을 갖고 있는가보다 어떤 사람으로 살아가는가에 집중하라. 그것이 흔들리지 않는 행복이다. 아우렐리우스는 이렇게 일깨운다.

"소유보다 존재에 집중하라. 가진 것이 아니라 어떤 사람인가가 중요하다."

소유는 외부의 것에 불과하다. 재산, 지위, 명예 이 모든 것은 시간 앞에서 쉽게 무너진다. 그러나 존재는 내면의 중심에 자리한 본질이며, 누구도 빼앗을 수 없다. 내가 무엇을 소유하느냐보다 어떤 마음으로 살아가느냐, 그것이 인생의 진짜 무게를 결정한다.

소유를 좇는 사람은 끊임없는 결핍 속에서 허기를 느낀다. 더 많이 가질수록 더 큰 공허가 생기고, 만족은 점점 멀어진다. 반면 존재에 집중하는 사람은 비움 속에서도 충만하다. 그는 자신이 가진 것보다 자신이 되는 것에 의미를 두며, 그로 인해 평온을 얻는다.

진정한 행복은 많이 가지는 데 있지 않다. 그것은 온전히 '존재하는' 데서 비롯된다. 소유의 욕망을 줄이고 존재의 깊이를 키워라. 세상이 변해도 흔들리지 않는 힘은 오직 내면에서 나온다. 무엇을 갖느냐보다 어떤 사람이 될 것인가라는 그 질문이야말로 진짜 삶의 시작이다.

지금 할 수 있는 일을 하라

"지금 할 수 있는 일을 하라.

지금의 행동이 내일을 만든다."

『명상록』 8장 32절

전쟁과 역병 속에서 아우렐리우스는 내일을 기약할 수 없는 현실을 늘 마주했다. 그는 그래서 오늘 할 수 있는 일을 바로 실천하는 습관을 강조했다.

"지금 할 수 있는 일을 하라. 지금의 행동이 내일을 만든다."

삶은 '지금'의 연속이다. 지금 할 수 있는 일을 미루면, 기회는 다시 오지 않을 수 있다. 우리는 늘 내일이 있다고 믿지만, 그것은 확실하지 않다. 지금의 행동이 곧 내일을 만든다. 작은 일이라도 지금 실천할 때, 삶은 앞으로 나아간다.

반대로 아무리 큰 계획도 행동으로 옮기지 않으면 공허한 꿈일 뿐이다. 게으름은 단순한 휴식이 아니다. 해야 할 일을 외면하고, 할 수 있는 순간을 놓치는 태도다. 결국 시간을 빼앗고, 삶의 활력을 사라지게 한다. 오늘의 게으름은 내일의 후회가 되고, 미뤄둔 일은 점점 더 큰 짐이 되어 돌아온다.

부지런히 사는 사람은 고단할 수 있지만, 그 속에서 삶의 의미와 힘을 얻는다. 반대로 게으름을 택한 사람은 편안해 보이지만, 내면은 점점 공허해진다. 그러므로 게으름을 삶의 적으로 여겨야 한다.

지금 할 수 있는 일을 하라. 그것이 가장 현실적이고 가장 강력한 태도다. 오늘의 행동이 내일의 삶을 결정한다. 주어진 순간을 붙잡는 사람만이 진정한 의미의 '현재'를 산다.

일상의 반복이 나를 만든다

"네가 반복하는 것이 곧 너다.

습관이 인격을 만든다."

『명상록』 5장 16절

위대한 삶은 특별한 순간이 아니라 평범한 일상의 반복에서 자란다. 우리가 매일 반복하는 생각과 행동이 결국 인격이 되고 운명이 된다. 사소한 습관 하나가 삶의 방향을 바꾼다. 그러므로 매일의 반복을 바로 세워라. 아우렐리우스는 일상의 힘을 이렇게 강조했다.

"네가 반복하는 것이 곧 너다. 습관이 인격을 만든다."

삶은 거대한 결심보다 작은 반복의 힘으로 빚어진다. 한 번의 열정보다 꾸준한 실천이 더 강하다. 매일의 말 한마디, 태도 하나, 사소한 행동이 쌓여 결국 그 사람의 품격이 된다. 정직한 말, 성실한 행동, 단정한 마음가짐 같은 작은 습관들이 모여 인격을 형성하고, 그 인격이 곧 운명이 된다.

반대로 사소한 무질서와 게으름도 반복되면 삶을 무너뜨린다. 하루의 태도는 인생의 축소판이며, 그 반복이 곧 삶의 형태가 된다. 반복은 지루한 일상이 아니라 자신을 단련하는 훈련이며, 성장의 리듬이다.

인생을 바꾸고 싶다면 먼저 하루를 바꿔라. 하루를 바꾸는 힘은 습관에서 나온다. 작은 반복이 쌓여 큰 변화를 이루고, 꾸준함이 결국 운명을 다시 쓴다.

단순하게 살아라

> "단순하게 살아라.
>
> 단순함 속에 평온이 머문다."
>
> 『명상록』 6장 30절

삶은 단순할수록 선명하다. 그러나 우리는 쓸데없는 욕망과 불필요한 걱정으로 삶을 복잡하게 만든다. 아우렐리우스는 이렇게 말했다.

"단순하게 살아라. 단순함 속에 평온이 머문다."

단순한 삶은 무언가를 포기하는 것이 아니라, 본질에 집중하는 것이다. 필요 없는 것을 덜어내면 마음은 가벼워지고, 진짜 소중한 것을 더 깊이 누릴 수 있다. 복잡한 집착을 버릴 때, 오히려 자유와 평온이 찾아온다. 단순함은 외부의 상황이 아니라 내 태도의 선택이다. 마음이 단순할 때, 작은 것에서도 기쁨을 느낄 수 있다.

사소한 것에 감사하라

"작은 것에도 감사하라.

영혼을 풍요롭게 할것이다."

『명상록』7장 28절

황제였던 아우렐리우스는 세상의 모든 부와 권력을 손에 쥐고 있었지만, 진정한 행복은 거대한 업적이 아니라 일상의 작고 소박한 순간들 속에 있음을 알았다. 새벽의 맑은 공기, 병사의 웃음, 한 장의 책에서 얻는 깨달음 ― 그는 그런 순간마다 감사했다.

"작은 것에도 감사하라. 영혼을 풍요롭게 할것이다.

감사는 삶을 바라보는 눈을 바꾼다. 크고 놀라운 일만 기다리면 기쁨은 멀어지지만, 사소한 일에도 감사할 줄 알면 매일이 충만해진다. 작은 감사가 쌓일수록 마음은 단단해지고, 영혼은 빛을 잃지 않는다.

감사는 단순한 예의가 아니라 하나의 태도이자 훈련이다. 그것은 결핍 속에서도 풍요를 발견하게 하고, 어려움 속에서도 여전히 삶을 사랑하게 만든다. 행복은 외부의 조건이 아니라 감사할 줄 아는 마음의 깊이에서 자라난다. 결국 삶을 아름답게 만드는 것은 거창한 성취가 아니라, 오늘 하루의 작고 평범한 기적들에 고개를 숙일 줄 아는 마음이다.

현재에 집중하라

“현재에 집중하라.
지금 이 순간이 네 삶의 전부다.”

『명상록』 8장 36절

삶은 언제나 지금 이 순간에만 존재한다. 그러나 우리는 과거를 붙잡거나 미래를 걱정하느라 현재를 흘려보낸다. 이 순간을 온전히 느낄 때, 비로소 삶은 선명해지고 마음은 평온해진다. 아우렐리우스는 이렇게 일깨운다.

“현재에 집중하라. 지금 이 순간이 네 삶의 전부다.”

삶은 오직 지금에만 존재한다. 그러나 많은 사람들은 여전히 과거의 후회 속에 머물거나 오지 않은 미래를 걱정하며 현재를 잃는다. 과거는 이미 지나가 다시 돌아오지 않으며, 미래는 아직 도달하지 않은 환상일 뿐이다. 오직 지금 이 순간만이 실재하고, 우리가 붙잡을 수 있는 유일한 시간이다.

현재에 집중하는 사람은 불안에 휘둘리지 않는다. 아직 오지 않은 일을 미리 두려워하지도, 지나간 일에 자신을 가두지도 않는다. 그는 지금의 말 한마디, 지금의 숨 한 번에 마음을 담는다. 그렇게 순간에 머무는 마음은 평온하다. 현재를 충실히 사는 것은 단순한 태도가 아니라, 삶을 가장 깊이 있게 살아내는 방법이다.

행복은 미래의 어느 시점에 있는 것이 아니다. 지금 이 자리에서 느낄 줄 아는 사람이 이미 행복하다. 과거의 상처를 내려놓고, 미래의 불안을 잠시 멈추라. 그리고 눈앞의 일에 마음을 다하라. 지금 이 순간을 살아낼 때, 삶은 더 이상 허무하지 않다. 현재는 짧지만, 그 안에 영원이 담겨 있다.

삶의 무게를 기꺼이 짊어져라

> "삶의 무게를 기꺼이 짊어져라.
>
> 그것이 성숙의 길이다."

『명상록』 5장 8절

황제라는 자리에 있던 아우렐리우스는 늘 국가의 혼란과 전쟁, 역병의 짐을 떠안아야 했다. 그는 그 무거운 짐을 운명으로 받아들이며 스스로를 단련했다.

"삶의 무게를 기꺼이 짊어져라. 그것이 성숙의 길이다."

삶은 무겁다. 책임, 고통, 의무가 우리를 짓누른다. 그러나 그 무게를 피하려 하면 더 큰 고통이 된다. 짐을 지는 순간은 힘들지만, 그 무게가 나를 강하게 만든다. 삶의 무게를 짊어진다는 것은 고통을 사랑하는 것이 아니라, 고통을 삶의 일부로 받아들이는 것이다. 그것은 나를 성숙하게 하고,

더 큰 자유를 선물한다. 가벼움만을 좇는 사람은 결코 단단해질 수 없다.

아우렐리우스가 보여준 태도처럼, 삶의 무게를 기꺼이 짊어지는 순간, 그 무게는 짐이 아니라 내 영혼을 단련하는 도구가 된다.

죽음을 두려워하지 않는 지혜

"죽음은 자연의 과정이며,

자연스러운 것은 결코 나쁘지 않다."

『명상록』 2장 17절

아우렐리우스가 이 구절을 적던 시기, 제국에는 안토니누스 역병이 창궐해 수많은 사람들이 죽어갔다. 황제 자신도 매일 죽음의 소식을 접했고, 가까운 이들까지 잃었다. 그런 상황에서 그는 죽음을 피할 수 없는 자연의 법칙으로 받아들이려 했다.

"죽음은 자연의 과정이며, 자연스러운 것은 결코 나쁘지 않다."

죽음은 누구에게나 두려운 주제다. 그러나 아우렐리우스는 죽음을 종말로 보지 않았다. 그것은 삶의 한 과정이며, 자연의 순환 속에 포함된 것이다. 나무의 잎이 지고, 해가 지듯 죽음 또한 자연스러운 흐름이다.

죽음을 두려워하지 않는다는 것은 무모하게 죽음을 맞이하라는 뜻이 아니다. 죽음을 삶의 일부로 받아들일 때, 오히려 지금을 더 충실히 살 수 있다. 언젠가 끝날 것을 알기에 오늘 하루가 더 소중해진다. 죽음을 외면할수록 삶은 불안해지고, 죽음을 받아들일수록 삶은 평온해진다.

아우렐리우스가 황제의 자리에서조차 이 다짐을 되새긴 것은, 죽음 앞에서는 누구도 예외가 없음을 알았기 때문이다. 죽음을 자연스럽게 받아들일 때, 삶은 두려움에서 해방된다.

 삶의 태도와 실천

삶의 목적은 선을 행하는 것이다

"삶의 목적은 선을 행하는 것이다.

그것만이 변치 않는 길이다."

『명상록』 9장 31절

삶의 목적은 성공도, 명예도 아니다. 그것은 오직 선을 행하는 데 있다. 작은 선행 하나가 세상을 밝히고, 내 영혼을 정화한다. 선은 결과가 아니라 과정이며, 행하는 순간 이미 완성이다. 그러므로 선을 실천하라. 아우렐리우스는 이렇게 말했다.

"삶의 목적은 선을 행하는 것이다. 그것만이 변치 않는 길이다."

선은 누구나 할 수 있는 가장 위대한 일이다. 작은 친절, 사소한 배려, 진실한 말 한마디도 선의 행위다. 그것은 타인에게 유익을 주는 동시에 내 영혼을 맑게 한다.

선은 보상이나 인정을 기대하지 않는다. 그 자체가 이미 목적이고 완성이다. 선을 행하는 순간, 삶은 의미로 채워진다. 그러므로 삶을 평가할 때 우리는 얼마나 소유했는가가 아니라, 얼마나 선을 행했는가를 물어야 한다. 삶은 짧고 불확실하다. 하지만 선을 행하는 태도만은 언제나 우리 손에 달려 있다. 그 길이야말로 가장 확실하고 변치 않는 삶의 목적이다.

 삶의 태도와 실천

삶은 철학을 실천하는 무대다

"삶은 철학을 실천하는 무대다.

철학은 삶 속에서 증명된다."

『명상록』 10장 16절

철학은 머리로만 하는 생각이 아니다. 그것은 살아가는 방식이며, 매일의 선택 속에서 드러난다. 철학이 책 속에 머물면 지식이지만, 삶 속에서 실천될 때 비로소 지혜가 된다. 아우렐리우스는 황제로서 수많은 연설을 했지만, 사람들에게 감동을 준 것은 말이 아니라 행동이었다. 전쟁터에서 병사와 같은 침상에 눕고, 나라를 위해 묵묵히 일한 그의 삶은 철학의 실천 그 자체였다.

"삶은 철학을 실천하는 무대다. 철학은 삶 속에서 증명된다."

철학은 추상적인 논리가 아니라 일상의 태도다. 어떻게 말

하고, 어떻게 분노를 다스리며, 어떻게 타인을 대하는지가
곧 나의 철학이다. 진짜 철학은 교단이나 책장이 아니라, 하
루의 행동 속에서 자란다. 생각이 삶으로 이어질 때 그것은
단순한 지식이 아닌 지혜의 실천이 된다.

철학이 삶과 분리될 때 그것은 공허한 관념으로 남는다. 그
러나 행동 속에서 실천될 때 철학은 살아 있는 힘이 된다. 아
우렐리우스의 『명상록』이 위대한 이유도 그가 철학을 '살았
기' 때문이다. 전쟁과 혼란 속에서도 그는 매 순간 평정과 절
제를 통해 자신의 철학을 증명했다.

우리의 삶 또한 하나의 무대다. 말보다 중요한 것은 행동
이고, 사유보다 깊은 철학은 태도 속에 있다. 삶이 철학의 시
험장이라면, 실천은 그 답안이다. 그러므로 철학을 말하기
보다 먼저 살아내라. 그때 비로소 삶이 철학이 되고, 철학
이 삶이 된다.

에필로그

나에게로 돌아가는 길

책을 덮는 순간, 우리는 다시 일상의 소음 속으로 돌아간다. 그러나 『명상록』이 남긴 문장들은 쉽게 사라지지 않는다. 그것은 황제의 기록이 아니라, 오늘을 사는 우리가 끊임없이 되새겨야 할 삶의 질문이기 때문이다.

아우렐리우스가 기록했던 불안과 두려움, 타인의 시선과 운명의 무게는 2천 년이 지난 지금도 여전히 우리를 짓누른다. 그러나 그는 그것에 굴하지 않고 자신을 붙잡는 길을 택했다. 외부의 혼란은 통제할 수 없지만, 마음을 다스리는 힘은 언제나 내 안에 있다는 단순한 진실. 바로 그 진실이 시대와 문화를 넘어 여전히 우리를 위로한다.

에필로그는 결코 끝맺음이 아니다. 오히려 이 책을 읽은 독자가 스스로에게 던져야 할 새로운 시작의 물음이다. 나는 오늘 나의 마음을 지배했는가? 나는 지금 이 순간을 충실히 살고 있는가? 나의 삶은 단순한 생존을 넘어 의미와 덕을 담고 있는가?

아우렐리우스는 거대한 제국을 다스리던 황제였지만, 동시에 자신의 마음을 다스리려는 한 인간이었다. 그는 '삶의 주인은 결국 자기 자신'이라는 결론에 다다랐다. 우리 또한 그의 발자취를 따라가며 같은 다짐을 품을 수 있다.

삶은 여전히 불완전하고, 우리는 여전히 흔들린다. 그러나 『명상록』은 말한다. 흔들림 속에서도 나를 잃지 않는 길이 있다고. 그리고 그 길은 멀리 있지 않다. 바로 지금, 나의 마음에서 시작된다.

평정의 힘은 어디에서 오는가

초역 명상록

초판 1쇄 발행 2025년 12월 1일

원저자   마르쿠스 아우렐리우스
지은이   민유하
발행인   박용범
펴낸곳   리프레시

출판등록 제 2015-000024호 (2015년 11월 19일)
주소   경기 의정부시 평화로 471 맥스타워 418호
전화   031-876-9574
팩스   031-879-9574
이메일   mydtp@naver.com

편집책임   박용범
디자인   리프레시 디자인팀
마케팅   JH커뮤니케이션

ISBN 979-11-995317-3-4 (03190)